“中国革命传统云南故事干部教育读本”丛书编委会

《聂耳为国而歌》编委会

中国革命传统云南故事干部教育读本

聂耳为国而歌

中共云南省委宣传部◎编

云南人民出版社
云南美术出版社

图书在版编目（CIP）数据

聂耳为国而歌 / 中共云南省委宣传部编. -- 昆明 ：
云南人民出版社 ： 云南美术出版社, 2021.5（2023.6重印）
（中国革命传统云南故事干部教育读本）
ISBN 978-7-222-20159-0

Ⅰ. ①聂… Ⅱ. ①中… Ⅲ. ①聂耳（1912-1935）—
生平事迹 Ⅳ. ①K825.76

中国版本图书馆CIP数据核字(2021)第120408号

出 品 人： 李银和
出版统筹： 尚　语　马维聪
责任编辑： 陶汝昌　陈　亚
助理编辑： 董　毅
装帧设计： 马　滨
责任校对： 周　彦　李　红　董郎文清　崔同占
责任印制： 李寒东

聂耳为国而歌

NIE ER WEI GUO ER GE

中共云南省委宣传部◎编
时遂营◎主编

出　版　云南人民出版社　云南美术出版社
发　行　云南人民出版社
社　址　昆明市环城西路609号
邮　编　650034
网　址　www.ynpph.com.cn
E-mail　ynrms@sina.com
开　本　720mm×1010mm　1/16
印　张　14.25
字　数　200千
版　次　2021年5月第1版　2023年6月第3次印刷
印　刷　云南宏乾印刷有限公司
书　号　ISBN 978-7-222-20159-0
定　价　68.00元

云南人民出版社微信公众号

如需购买图书、反馈意见，请与我社联系
总编室：0871-64109126　发行部：0871-64108507　审校部：0871-64164626　印制部：0871-64191534

前　言

从来没有一首歌，与中华民族的命运结合得如此紧密，与民族大众的情感融汇得如此深沉。

在民族危亡的关键时刻，它吹响了唤醒人心的号角；在和平的新时期，它敲响了居安思危的警钟；在改革进取的新时代，它拉响了开拓创新的汽笛。

它是从中华民族坎坷命运中爆发的勇敢的烈焰，是从中华民族心灵最深处喷出的激情的熔浆，是世世代代、经久流传的经典，是亘古常有、生生不息的盼望。

这样一首振奋人心的《义勇军进行曲》，激励着中华儿女抛头颅、洒热血，用血肉之躯筑起新的长城，在侵略者的炮火中奋勇前进，为中华民族威武不屈、前仆后继、顽强抗争，谱写了惊天地、泣鬼神的壮丽诗篇。

曲作者聂耳，是一名优秀的中共党员，伟大的人民音乐家，新音乐运动的开路先锋、最杰出代表。在短暂的一生中，他创作了《义勇军进行曲》《码头工人》《毕业歌》《大路歌》《卖报歌》等一系列进步歌曲，以音乐为武器唤醒大众，激起全民族抗日救国、自强不息的强大力量。

聂耳是我们党坚定的共产主义战士。1930年7月，他在上海参加了党领导的进步群众组织“反帝大同盟”。1932年，他发表了战斗性评论《中国歌舞短论》，倡导为人民而歌，为国家而歌。同年10月，他冲破国民党反动政府的重重阻挠，在清华大学用小提琴演奏《国际歌》，极大地激发了青年学子的爱国情怀。

1933年1月，在上海“白色恐怖”环境下，聂耳义无反顾地加入中国共产党，矢志为党的事业不懈奋斗。1935年3月，国民党反动派将他列入“黑名单”，准备对他采取严厉措施。为保护和培养聂耳，党组织决定派他转赴日本，再赴苏联，继续从事中国革命斗争。同年7月，聂耳在日本不幸溺水身亡，这对中国革命事业来说是一个重大损失。

聂耳始终把音乐创作与中国共产党领导的革命斗争紧密结合在一起，他创作的《义勇军进行曲》唱响大江南北，成为鼓舞中华儿女不怕牺牲、英勇奋斗和实现民族独立、走向民族复兴的最强音，被定为中华人民共和国国歌并写入宪法。

《义勇军进行曲》是聂耳用生命和热血镌刻的不朽丰碑。在聂耳和《义勇军进行曲》的故事中，每个音节都凝聚着震古烁今的民族骨气，都迸发出气壮山河的时代先声；每个音符都滋生出振奋人心的中国力量，都饱含着凤凰涅槃的国运变化。

在聂耳和《义勇军进行曲》的故事中，中国实现了从站起来、富起来到强起来的伟大跨越，中华民族巍然屹立于世界东方。在雄浑豪迈的国歌旋律中，全国各族人民正坚定实现中华民族伟大复兴中国梦的信心，发出时代先声，在新起点新征程上不断前进！前进！前进！进！

许幸之在《悼聂耳》中写道：

> 聂耳呀！虽然大海夺去了你年轻的生命，巨浪吞灭了你那风华正茂的青春，但你的理想已经实现，红旗已在祖国的上空飘扬。
>
> 激扬轻快的《义勇军进行曲》，已经成为国歌，曾经鼓舞过抗日救亡的歌曲，而今已成为歌颂社会主义祖国的绝唱。
>
> 这歌声不仅响遍了中国，并已响遍了东方，一切不愿做奴隶的人们，将用自己的斗志筑成新的长城，高唱你那雄壮的歌声前进！

时遂营

2021年3月3日于红塔书院

目　　录

艰难中琢玉初成

1912年2月15日，聂耳出生在云南昆明。父亲聂鸿仪是玉溪人，为谋生计在昆明甬道街经营着一家药铺。母亲彭寂宽是玉溪峨山人，傣族（傣族支系花腰傣），虽然出身贫寒，但勤勉好学、宽厚慈爱；是聂鸿仪药铺的得力帮手，也是聂耳最爱的人。聂耳4岁多，父亲因病去世，坚强而慈爱的母亲靠一己之力撑起贫寒而温暖的家。她以坚强和勤勉维持着家庭的生计，以正直和善良影响着孩子的成长。她还会唱玉溪花灯，经常给孩子们“唱灯”讲故事。可以说，玉溪花灯优美动听的旋律是聂耳最初的音乐启蒙，为他后来的音乐创作打下了基础。多年以后，聂耳的同乡好友徐梦麟在谈到彭寂宽时说：“只有这样的母亲，才会有那样的儿子。”

幼年失怙

1911年10月10日，中国爆发辛亥革命。1912年2月12日，刚满6岁的清宣统皇帝溥仪下诏退位。辛亥革命终结了清朝的统治，同时终结了中国历史上长达数千年的封建帝制。

1912年公历的2月正是中国农历腊月迎春节的前夕，新时代的到来加上农历大年三十的即临，刚刚经受过起义炮火洗礼的昆明街头，终于迎来喜庆祥和的景象。老昆明城，形状像一个灵龟，三面环山，一面对水。阡陌小巷里挤挤挨挨的民宅老舍，老街青石铺路，建筑木榫凿连。滇南风格的木雕，重檐雕镂的朱阁，衬托出高原古城厚重的历史感。

我们的主人公、人民音乐家、为国而歌的战士——聂耳，就诞生在这个非同凡响的时刻。1912年农历腊月二十八（2月15日），也就是在封建帝制瓦解3天后，在昆明甬道街中街72号、一栋挂着“成春堂”横匾的药铺小楼上，药铺的女主人彭寂宽挺着大肚子忙里忙外一整天，晚上9点多爬上二楼的起卧间，感觉胎动，在邻居大娘的帮助下，顺顺当当地生下了一个健康的男婴。

医生聂鸿仪，“成春堂”药铺的老板，抱起了这个“生逢其时”的娃娃，这是他的第四个儿子。这一刻，他的心被喜悦充盈。

聂鸿仪不是一个普通的中医，他勤勉用功，饱读诗书，考取过廪生（官府供给廪膳的资深生员）。他出生在昆明南面的玉溪县（现为玉溪市）州城北门街。老家的房子现在还保存完好，是父亲聂连登在清光绪年间建造的。聂连登也是中医。聂鸿仪考取廪生后报考公派日本留学不中，于是退出仕途，回玉溪继承父业，为家乡父老行医看病，成为玉溪有口皆碑的名医。他的前妻王氏病故，生有一子一女。

彭寂宽是玉溪峨山人，出身贫寒。她的父亲认为女人读“圣贤书”是大逆不道，不允许她读书认字。但天资聪颖的她，偷偷跟着哥哥们学会了认字读书。哥哥们长大后，到玉溪县城谋生。大哥在玉溪县政府当职员，县政府就在聂鸿仪家附近。彭寂宽经常去玉溪看望哥哥们。

彭寂宽17岁那年，父亲患重病，被聂鸿仪医好，父亲便将她许配给聂鸿仪。这场婚姻源于感恩，却让聂鸿仪找到了最好的贤内助。彭寂宽敏而好学，她观察丈夫如何为病人治病，后来还自己攻读《本草纲目》，去深山采集药材，学习加工成中药。丈夫腾不出手或外出时，她就给病人看病。她成了聂鸿仪的得力助手。

为了维持全家生计，聂鸿仪决定迁居昆明。1902年春，他们带着孩子搬到昆明，设馆行医；挂起“成春堂”的牌子，取病人经他医

2011年，重修后的昆明市甬道街72号的聂耳故居及“成春堂”药店

治“着手成春”之意。聂鸿仪潜心研读医书，还自制多种药材、丸散膏丹，其中有神效痞积散、救急对丹膏、复阳固本膏、戒烟丸、偏正头风膏、止咳益气膏等，还附写上对这些药丸疗效的说明。他坚守诚信，医术精湛，在昆明医好不少罹患疑难杂症的病人。他乐善好施，每月初一、十五，向街坊患者赠送痞积散、戒烟丸等膏丸。这样，“成春堂”名头越来越响，聂家在昆明扎下根来，他们的孩子也相继出生。

聂耳出生的这年正好是“成春堂”挂牌10周年，聂鸿仪细察这个天庭饱满、浓眉阔耳的娃娃，那一刻他确信：尽管世道维艰，这个在母亲肚子里躲过了战乱的小家伙，一定会给全家带来“嘉祥”之福。他给孩子起乳名“嘉祥”，大名“守信”。聂鸿仪并不知道，19年后他的这个天赋异禀的娃娃会因为出众的音乐才华而得到广泛肯定，人人认定他独有一双敏锐的耳朵，于是改名“聂耳”。而后，这个名字闻名遐迩、享誉世界。

聂鸿仪共有6个孩子。长子守拙、长女兰茹是前妻王氏所生。与彭寂宽结婚后，生有二女儿慧茹、二儿子守诚、三儿子守先（后改为叙伦）、四儿子守信（即聂耳）。聂耳出生时，兰茹已出嫁玉溪，守拙18岁、惠茹10岁、守诚8岁、叙伦6岁。这是一个真正的大家庭。全家大小吃喝浆洗全靠彭寂宽打理，她是一个贤能的妻子。这让聂鸿仪很欣慰。

聂耳的出生给聂鸿仪夫妇带来了喜气，但云南新政府并没有给他们带来好运气。刚成立的新政府宣布增加公房租金，以缓解政府的财政危机。甬道街铺房属于制台衙门的公产，是公房。突然增长将近一倍的高价房租，让聂鸿仪无论如何都付不起，他只好被迫搬家。1913年年初，他们搬到离甬道街100米远的藩台衙门附近的一所平房（现威远街112号）。这是一座前铺后屋的平房，这里曾有一位房客自杀，是传说中的“凶宅”，加之阴暗潮湿，所以租金便宜。聂鸿仪不信鬼神，抱着未满周岁的娃娃搬进了这幢平房。前铺当作药铺和诊所，后面有两间住房和一个小天井；天井里有一眼水井，还有一棵大麻子树，长得很是茂盛，把阳光遮盖了一大半。聂耳一家在这里居住了6年。

对聂耳来说，所有关于父亲的记忆都在这个陈旧的平房里。搬家后，聂鸿仪发现孩子们胆小害怕，老觉得新宅子闹鬼；于是，他给孩子们讲古代英雄人物的故事和《三国志》《水浒传》里的英雄们，他反反复复讲，教育孩子们莫信鬼神。他稍有闲暇就教聂耳读书认字，他发现这个小娃娃专注认真，求知欲和记忆力超群；于是他愈发用心，对儿子寄予厚望，希望儿子将来能功成名就、光耀门楣。

日子虽然艰难，但有盼头，只要认真努力，他相信自己的孩子一定会长大成才。聂鸿仪是个办事一丝不苟、严谨周到的医生，他全心全意为病人看病，对病人有求必应。无论寒暑、晴雨，只要有人请求，他都义无反顾地出诊看病。为了养家糊口，他还兼职云南陆军讲武堂的军医工作。身兼两职，日夜操劳，兢兢业业。没料到多年积劳成疾，肺结核病袭倒了他。可惜他擅长的医术救不了自己的命。他躲在角落里咯血。他多想抱抱亲亲拿一双黑亮亮眼睛瞧着自己的小儿子，可是不能把病毒传给他，他狠心地摆手让他走开，自个儿去读书认字……

彭寂宽跪在佛像前，流泪祈求神灵医治好丈夫的病。她受父亲的影响，也是一个虔诚的佛教徒，她相信神灵感念她的心诚，一定会出手搭救。为了给丈夫治病，她想尽办法找钱求医买药，家里的积蓄早已一个子儿不剩地花掉了。她不信自己敬重的丈夫这次会一病不起。只要人在，就有希望。她不能放弃，她要找到所有的办法救他。

后来，实在找不到买药的钱，聂鸿仪给大学毕业后去武昌参加工作的长子守拙去信，希望他能回家探病或者寄些钱帮家里渡过难关，没料到遭到长子无情拒绝。聂鸿仪受不了这个情感上的重创，他的病情愈发严重，于1916年7月11日不幸去世。

这是聂耳生命中第一个冰凉的夏天。刚刚4岁多的他，除了父亲教他认的300多个字，除了父亲留在房间里的烟草味，除了墙上挂着的父亲的八音钟，除了父亲悬壶济世的匆匆背影，所有碎片化的温暖记忆都被这突如其来的悲痛和恐惧冲得支离破碎；暴雨般的泪水冲刷着这个多难的家庭，也冲刷着聂耳稚嫩天真的心。他还不明白，父亲为什么再也唤不醒了；他还没有真正弄懂，他生命中依靠的第一棵大树真的倒下了！

在年幼的时候，失去了父亲这把保护伞，给聂耳后来的成长增添了许多磨难。这在客观上造就了他独立坚强的意志和精神。

然而，从心灵深层次的影响来看，父亲的离世在聂耳年幼的心灵中，其实刻下了关于生命最初的认识；尽管这种认识也许懵懂、朦胧，但是它像一种说不清道不明的魔咒刻在记忆深处，那就是：生命像一盏灯一样，会一下子被吹熄，就像看上去强壮的父亲会突然被病魔带走。聂耳依稀感觉到了生命在另一种层面上短暂而脆弱的特质。这也是后来为什么他在日记中反复追问自己“我要干什么”“我的人生怎样才有意义”，这是他对生命意义追寻的紧迫性和敏感度的自然流露。其思考的深度远远超出同龄人，也超出常人。这当然一方面源于他早慧的个性，另一方面恐怕与他崇敬的父亲过早谢世有关。

“爸爸的死，决定了我这一生的命运，指示给我应走的道路。”（《聂耳日记》1930年10月19日）1930年，聂耳在上海时写下自己的思考。这其实是一个特别沉甸甸的句子。谈到命运的句子，都是沉甸甸的；而聂耳这个句子，尤其沉甸甸。我们都是后来者，都事先知道他的生命最后的确如流星划过人间般只有短短的23年，但哪怕只有短短的23年，这位天才音乐家也用一支神笔勾画出了彩虹一样绚烂的人生；为国而歌，吼出了时代最强音，让全民族的心灵与他共振同频。

那么，聂耳所谓命运当走的路，究竟是怎样一条路?

我们可以看到，聂鸿仪的去世，是聂耳生命中的第一次重大转折。幼年失怙，心灵重创，这个懵懂的孩子，在最该无忧无虑的童年，感受到了生命的脆弱和悲伤。是啊，生命也会如此昙花一现、脆弱不堪、猝不及防。

可是，这个叛逆的孩子，这个勇敢的孩子，偏偏要昂起命运的头颅，反击这份短暂易逝、脆弱不堪、猝不及防。

尽管那时一切尚未明晰，但是生命的感觉仍然潜伏在深处，14年后的聂耳自己已经总结出来，父亲的去世，事实上已经画出了自己的命运之路。

那是一条自强不息的路！是一条让生命里每个日子活出闪光意义的路！是一条叩问生命、呐喊大家起来奋斗抗争的路！

为母则刚

彭寂宽从苦海中浮了起来，她问心里的菩萨究竟什么是命，丈夫躺在棺木中一动不动，这难道就是他的命？这难道就是她的命？她竭力让自己在突降的巨大的灾祸面前冷静下来。她刚才只看得见听得见属于她一个人的巨大的悲痛。天啊，还有4个孩子！她去看她的4个孩子，全哭成了泪人，脸蛋发白，一副吓傻过去的样子。当她的目光落在最小的儿子身上时，这个平时最爱笑的孩子，无助地牵着她的衣角，哭得脸皱缩成一团，小小的身子都在发抖。彭寂宽的心又像被刀剐了一样，一下一下地剐，她捂住胸口，轻轻呻吟了一下。她可怜的小不点，他还这么小，就成了没了父亲的孩子。

彭寂宽渐渐看得见听得见别人的痛苦和悲伤。她，这个才三十出头的女人，再也喊不醒自己的丈夫，与他细细商量，接下来如何喂饱这些小家伙，如何教育引导他们长大成人。生活的重担如今都落到了她的身上。她抱住自己柔弱的肩膀，感觉到了肩膀像被绳索绞动那样疼痛。原先这个大家庭靠丈夫独自挑着撑着，她只算得上半个帮手。他真正是一个有担当的人啊！这时，她又看见听见了丈夫的悲伤。这么出类拔萃的一个人，一生辛劳，饱读诗书，身怀绝技，现在死了却连一块墓地都买不起。可怜的人呵，就这样匆匆死了，难道连一抔掩埋的黄土都没有吗？

想到这里，彭寂宽终于彻底从悲痛中浮了起来。她狠狠一把擦去了自己的眼泪。她从茫然痛苦中站起身来，她完全知道自己现在应该做什么。无论如何，她要把丈夫埋葬，她要为他买一块墓地埋葬，她要去借一笔钱买下墓地才能埋葬。这是一个妻子无论如何应该做到的。

彭寂宽就这样在猝不及防中承担了全部家庭的重担。她借钱买好墓地，安葬了聂鸿仪，后来这笔钱她花了3年时间才还清。她总算尽到了一个妻子应尽的责任。

接下来，她的目光又回到了现实，孩子们一排黑亮的眼睛里，都藏着一只只受伤的小兽。她看懂了，这些小家伙吓蒙了，他们需要她的保护。

小聂耳走过来，小小的身子贴紧母亲的怀抱，轻轻唤着母亲。彭寂宽的泪差点又落下来，她忍住了，坚强地对孩子们展颜一笑，温柔地说："娃娃们，你们现在没有了父亲，但是，你们还有母亲在，莫怕！"孩子们从四面扑过来，哭着围抱住她。那一刻，她咬着牙悄悄对自己说："彭寂宽，不要让丈夫的嘱托落空，要让娃娃们受教育，让他们将来活得比我们好！"

就这样，彭寂宽，这位自立自强的妇女，踩着一双清末的裹足小脚，毫无惧色地接过了一个母亲应承担的责任。她鼓足勇气报考了中医资格，一年后成为昆明第一位取得行医执照的女医生。她白天坐在先夫那把听诊椅上，为前来就诊的病人看病，得闲时不忘教孩子们念几句古训或民谚，如"少壮不努力，老大徒伤悲"，"人之初，性本善"，"头悬梁，锥刺股"，"一寸光阴一寸金，寸金难买寸光阴"，等等。她的小儿子清脆的嗓音和认真诵读的样子，总让她安心。她一句一句教孩子念着，让他们懂得努力发奋自尊自爱的重要性；同时她也绝不让自己手头的针线活停下来，那是接的邻居们的活儿，帮衬得几个零钱补贴家用。晚上关了店门，她就套上围裙替别人浆洗衣衫。

彭寂宽这样一个普通的劳动妇女，是中国千万受苦老百姓中普通的一员，面对如此艰难的处境和重大的困难，没有抱怨没有犹豫，而是咬着牙挺着腰杆接过了命运递给她的千难万险，接过了苦难和责任，接过了含辛茹苦。以后无论遇到多大的阻力、家境如何拮据，她始终没有放弃最初的决心——想方设法让孩子们上学，不耽误他们的前程，不辜负先夫的嘱托。

本性善良的彭寂宽接继“成春堂”行医，她发扬先夫的医品医德，不接受病人的礼品，竭力为病人服务。有时来的病人一贫如洗，她总是分文不取，慷慨为他们治病。

还有一次，夜里小偷从房梁上跳下，被正在碾药的她撞见；问过知道小偷因为家里有5个孩子、妻子又生了病，想偷些钱给妻子治病，她不但没有责备小偷，问清病情后还抓了药让小偷带回去给妻子治病。小偷感动得叫她“活菩萨”。她的先夫和她的信仰都告诉她：“行医之人，半积阴功半养生。”她是将之作为原则来执行的。她依然每天在佛坛前虔诚祈求，每月初一、十五吃斋为子女们祈福。

虽然彭寂宽并没有受过教育，但这位聪慧的女性继承了中华优良的美德和情操。在子女教育的问题上，她显得非常有智慧有原则。她常对子女们说：“这个家，这个窝，虽说没有金子、银子，但是要有骨气、志气。”可见她位卑心高，是个有志气的女子。她给子女们制定了十一条准则，如有违反，会受到严厉责罚。这十一条准则如下：

待人要温和有礼；
对长辈要尊敬；
爱护比自己年幼的伙伴；
要有骨气和志气；
不轻易接受别人的财物；
不打人不骂人；
不说谎；
不饮酒抽烟；
不赌博；
早睡早起；
要有远大目标，不只看眼前利益。

从十一条准则可以看出，彭寂宽自尊自爱的生活态度和严格自律的道德准则。身教甚于言传。她做人处世的准则，孩子们都看在眼里，记在心头。聂耳在日记里多次记录对母亲慈爱的感动、感恩，母亲这个他最亲爱的人，手把手教会了他什么是爱。他看到母亲的辛劳，看到母亲因为家庭入不敷出的开支而发愁，他早早就下定决心：今后一定要回报母亲的厚爱，让母亲过上好日子。

品格比才华更重要。聂耳双亲质朴善良的品格教育，为这位为苍生歌唱的音乐家打下了坚实的品格基础。如果家庭格局过小，聂耳很难生出为社会为民族效力的鸿鹄之志，也绝写不出荡气回肠、激荡人心的雄浑乐曲。虽然命运多舛，但聂耳何其幸运，有一位格局远大的母亲。做人的骨气、远大的目标、为人处世的谦和礼让、诚实仁慈，这些都是成为君子的先决条件；而他从未上过学的小脚母亲，将十一条准则作为家风遵循，从这个角度讲，她实在是一位出色的女性！

至于对孩子们的学识教育，彭寂宽无法跟她饱读诗书的丈夫比；不过她有自己的特色教育，也正是这份特色，让这个贫寒之家飞出惊世奇才。

彭寂宽是傣族，峨山地区的花腰傣人都能歌善舞，从小耳濡目染的彭寂宽喜欢唱书（唱一些民间故事）、玉溪花灯调、扬琴调、民间小曲、山歌还有滇戏腔等。

聂耳出生以来，是在母亲吟唱的民歌小调中吸吮香甜的乳汁。换句话说，母亲那富于民族特色的曲调，如乳汁融入了他的血脉，催醒了他的耳朵。他也许继承了母亲热爱音乐的基因，又自带音乐的天赋。一边是母亲柔情哼唱的“小小的安安明大义，思前想后泪涟涟……”，一边是八音钟定时报时清脆的“叮——叮——咚——”，还有母亲温柔的心跳咚咚咚，这些声音和调韵夹杂在一起，灌满了聂耳那双逐渐苏醒的耳朵。是的，那时的他还什么也不会说，可是已经竖起耳朵，在偷偷吸收这些音乐养分了。

父亲去世后，孩子们最爱睡前听母亲讲故事、念书。彭寂宽念的并不是经史子集，她是把自己最喜欢的音乐形式介绍给了自己的孩子。她有好几本木刻版的小唱本，用七字或十字组成的花灯曲牌边唱边讲。她唱的是玉溪花灯曲调，这是一种流传广泛的民间传统歌舞曲调。《孟姜女哭长城》《董永卖身》《梁山伯与祝英台》《安安送米》《柳茵记》等，这些民间故事随着特别的曲调、母爱的温度，烙刻在聂耳的记忆深处，成为滋润他音乐心田的源泉。

无心插柳柳成荫。这群失怙的孩子，因为母亲热爱音乐的推动，音乐之爱的纽带将他们更深地联结在一起。后来，在他们中间尤其嗜好音乐的聂耳的推动下，他们三兄弟举办家庭音乐会，他们擅长多种乐器，母亲自然是他们的合作者和欣赏者。再后来，他们还结交了一群喜欢音乐的朋友，形成了类似音乐沙龙的团体。音乐带给他们快乐，让他们的心灵闪光，战胜了苦难的阴霾。

而他们中的一位将带着他的音乐，不仅走上中国的舞台，而且走上世界的舞台。是的，只要勇敢追梦，最惨淡的现实也可能变成最美丽的童话！

1925年，聂耳全家合影，前排（左二）席地而坐者为聂耳

矢志求学

小聂耳天性活泼，好奇心强，老瞪着一双黑亮亮的眼睛打量周遭的一切，随时都准备问为什么。

他仰头掰着手指数药铺子一排排装药的抽屉，一个、两个、三个、四个……哎呀，手指头不够用。加上眼睛，加上鼻子，加上耳朵，还是不够用。咦！数着数着，他的眼神落在橱窗上，不动了。噢！他看见了那里放着一只石狮子。那是父亲置下的一个摆设，放在那里很久，大家都快把它给忘了。小聂耳发现了这个失宠的宝贝。他兴奋地跑过去。那是什么呀？石狮子威风凛凛地站着，有一种无言的威严。雕刻很精细，连身上的狮毛一缕半缕都摸得出细致的纹路。

聂耳拂去狮子身上的浮尘，狮子的全貌看得更加清晰了。哈！这家伙嘴巴张得大大的，像饿坏了想吃饵饮的样子。可是，它的嘴巴里分明不是饵饮，是什么？聂耳的眼睛被狮子嘴巴里的秘密吸引住了。那里有一个宝贝——狮子嘴巴里含着一颗圆珠子，这是传说中的宝石吗？

小聂耳立即把小手伸进狮子的嘴巴里，他想转动那颗珠子，试着把它拔出来。可是，珠子纹丝不动。他再用力，想把珠子掏出来，珠子还是纹丝不动。这下聂耳更加好奇了，他把小脑袋凑过去，恨不得把自己整个脑袋都钻进狮子嘴巴里，瞧个痛快。他的眼睫毛都贴到狮子的嘴唇上了！

可是，他看不明白。多奇妙呀，是谁偷偷把一颗宝石珠子放进了狮子的嘴巴里，狮子又怎么能含着一颗宝石一动不动呢？他抱着脑袋对着狮子琢磨，想自个儿搞明白这个道理。

在旁边缝补衣裳的母亲，见这个整天像个小闹钟一样转动的孩子，终于安静下来，仔细一看原来他是被那个石狮子迷住了。看着儿子沉思的样子，她悄悄笑了。“可爱的孩子，这时候的样子，多么像他的父亲，对一件事会深深入迷。”想到这点，彭寂宽心里得了些安慰。

聂耳抱着石狮子苦思不得其解，还是向母亲寻求答案；母亲耐心地解释石狮子雕刻过程和含珠子的设计，聂耳这才恍然大悟：原来石匠雕刻时把珠子和狮子石头同时雕出来，而不是雕好后再把珠子放进去，怪不得珠子那么牢，它们本是同一块石头的一部分呢。明白了这个道理，聂耳情不自禁地哼起了小曲。

就是这样，在这个破旧狭窄的家里，总充满小聂耳天真的笑声和追问声。他脑子里总是冒出那么多问号：为什么黄芪的味道有些苦？为什么妈妈的衣服洗不完？为什么街面上跑的马不爱笑？为什么人会瘸会多长一个手指（病人中有六个指头的）？为什么油饼丢进油锅里就炸得啪啪响？……

聂耳那个小脑里好像总转动着七彩的弹珠，碰得噼里啪啦的，也让家里人被问得词穷。“不得了，你将来恐怕要当个学问家。”彭寂宽看着小聂耳又宽又亮的脑门，心中暗自又惊又喜。

聂耳显然不只爱问，他还是个行动派，特别爱模仿、表演。药铺子来来往往的人很多，经常有玉溪老家来的人来他家看病，这对小聂耳来说就像看电影一样。玉溪老家的人居然说奇怪的话，连动作神情也很不一样。在一旁玩耍的小聂耳竖着耳朵听，手脚不由自主偷偷学，等人家抓好药刚走出门，他就变成了玉溪老家的人，一拐一颠地模仿走路、说话。他发现他一说玉溪话母亲就笑得厉害，他就学得更多、更像，惟妙惟肖。人人都说他是一个玉溪娃娃了。小聂耳并不知道，自己天真的行为，是在悄悄化解母亲的乡愁。对彭寂宽来说，乡音乡情，自然永远是心头最亲切的部分。“自己这个老儿子（云南话，‘小儿子’的意思）呀，就是个小精灵！”

可是，千万不要以为小聂耳是一个只动不静的小家伙。他有时候安静起来，像把自己关进了一个谁也不知道的地方，爱哇啦哇啦说笑的嘴巴关上了，只顶着个大脑袋竖着两只耳朵凝神静听。听什么呢？

如果我们长了两只像聂耳那样的耳朵，我们就明白：哦！原来这个世界，是由声音构成的。下雨时落在檐瓦上的雨滴声、天井里两只癞蛤蟆咕呱咕呱的鸣叫声、大麻子树上鸟雀的喳喳声、药铺子里人来人往的说话声、门边野花的绽放声、蜜蜂们的嗡嗡声、对面菜市场高高低低的叫卖声、车轱辘咕咚咕咚的转动声、马匹渐行渐远的嘚嘚声……

各种声音高高低低、抑扬顿挫地交错在一起，像一个神奇的声音水晶球。那么多密集的声音，那么多杂乱的声音，那么多变化不定的声音，在他的耳边一刻不停地轰鸣作响，好像在拉他的耳朵。也许，他的耳朵和这些声音本来也是同一部分。

他有时甚至能听见风在中药铺子流动的声音、青苔顺着井沿向深处攀缘的声音，还有流云在空中飘散的声音、鸽子拍动翅膀的声音……

这些声音像花香、像空气、像入水的月色……小聂耳把自己小小的身体浸染在这些声音里，啊，这个充满声响的乱糟糟的世界，真的好乱好乱。

可是，又有什么牵动着他的耳朵，感觉那乱中还有什么，也许是齐整的呼应、和谐的律动……

小聂耳隐隐感觉得到，他的耳朵、他的心灵都感觉得到。可是，这还只是一种模模糊糊的感觉，那种感觉稍纵即逝；他一用力，那感觉就飞了，跑了，他抓不着……

这时，一种异常熟悉的声音响起来：“叮——叮——咚——，叮——叮——咚——”是的，那是拉他回到现实的钟，那是爸爸的钟，爸爸唯一留下的传家宝——一架古老的报时很准的八音钟。不知爸爸从哪里得到了它，那几乎是家里最昂贵的家饰；它就像爸爸的怀抱一样每天准时地把他拉回到眼前这个忙忙碌碌的世界的怀抱，回到了亲爱的中药铺子，回到了母亲宽阔的衣襟边，回到了眼前真实的世界。

噢！他环视着家里熟悉的一切，闻到了家里永远飘着的苦涩清香的中药味，他看见了中药铺子里母亲忙碌而疲惫的身影。哦！亲爱的妈妈，您手里的活计又做了多长时间呀！小聂耳一阵惭愧，他赶紧奔过去，伸出小拳头帮母亲捶早已酸疼的腰背。母亲温柔地笑了，把一个欣慰的吻，印在他高阔的额上。

随着年龄的增长，小聂耳有了自己的秘密——他最羡慕的事，就是看着哥哥们每天背着书包去学校上学。1918年，这一年聂耳6岁，他已经认识1000多个字了，但他渴望认更多的字、学更多的知识。他多想跟着哥哥们一起去上学，他们背的那些个书包，虽然又旧又破，却成了小聂耳心中的神物。窘迫的家境让他早早成为一个懂事的孩子，他听得见母亲的叹息声，看得见越来越空的家；如果他再上学，不是又增添了母亲的愁苦吗？

学费！这对聂耳来说早已不是一个新名词，他知道横亘在他和学校之间的就是学费。可怜的母亲，为了让哥哥们顺利入学，已经想尽了办法。如果他又要去上学，到哪借到他的费用呢？

其实，母亲何尝没有发现小聂耳的秘密，只要看到娃娃的目光黏着哥哥们上学的背影，娃娃的心思就一览无遗了。6岁，已经到了入学的年龄，如果娃娃他爸还在，该有多好啊！彭寂宽偷偷揩拭湿润的眼眶，背着自己可怜的小儿子偷偷发愁。

这天，聂耳一早起来就为母亲忙前忙后当小助手，他平时就勤快懂事，不过今天显得尤其主动。等母亲起床，发现聂耳已经帮她打好了洗脸漱口水，连药铺子都清扫干净了。

聂耳笑嘻嘻地央求母亲："妈妈，今天您得空，能不能带我去学校瞧瞧？我就是想去看看上学是个什么样子。"母亲心里"咯噔"的一声，她明白这孩子的心思。多好的孩子！她心头一酸，点头答应了。

于是，这天母亲带着聂耳到昆明县立师范附属小学去看看。聂耳眼睛里闪着光，他看见了操场，看见了教室，看见了穿着长衫的先生，看见了好多好多的书卷，看见了正在念书的孩子们。

聂耳真想冲进教室里躲起来，任谁也拉不走，他要永远永远待在教室里学个够。他想当有知识、有学问的人，一个对社会、对家庭有用的人，他一定会做最努力、最用功的学生。

可是，他看见了母亲为难的神情。他明白，母亲是体贴他的心思的。母亲那么敬重读书人，当然希望自己的儿子也能上学成才，要不是家里真的太穷，她说不定早就把他送进学校了。

啊，学校！我的学校！聂耳真想哭，想拽住学校的栏杆，任谁也掰不开他的手。他紧紧咬着嘴唇，为了不让自己的泪落下来。这是命吗？谁让他失去了父亲？谁让他是一个穷苦人家的孩子？

这时，九月的风带着一股清凉吹过，不知道是从学校哪个教室里传来了一阵悠扬的歌声：

黄花黄，
菊花强，
菊人康，
九月九日开菊球，
人共菊花醉重阳。

这是当时很流行的一首歌，歌颂重阳节这天蔡锷起兵推翻清政府在云南的统治。中国人自古有重阳登高赏菊的传统。这首歌借傲霜的金菊表达了对蔡锷英雄壮举的尊崇。

正是这阵歌声牢牢抓住了聂耳的心，他把耳朵竖起来，耳郭好像在发生轻微的震颤，与清脆的歌声同频共振。这时，他发现自己的脚变成了树，似乎瞬间生了根，再也无法挪动。世界上再也没有什么东西能把他从音乐中拔走了，贫困也不能！

聂耳一个字一个字听完这首歌，它好像钉子般钉进了自己的耳朵里。这里是学校，是有音乐流淌的地方，是一个可以让梦飞起来的地方。

他仰起头，两眼都是泪，颤声问："妈妈，我可以上学吗？我想在这里上学，我一定认真学习，做最好的学生。"

母亲看着儿子坚定的、神圣的神情，她的内心受到了巨大的冲击。她盯着儿子的眼睛问："你会好好用功吗？"

聂耳含着泪花，郑重地点头："妈妈，妈妈，我一定会的！"母亲也郑重地点头："好，无论如何，我会想办法让你上学！"

为了给聂耳交学杂费和制服费，母亲回家七拼八凑、东挪西借，还是不够。她又在每个房间翻找一遍，仍然一无所获。

这时，墙上的八音钟叮咚报时，像发出了几声沉重的叹息声。这是先夫留下来的仅存的纪念品，也是家中唯一值钱的物件。这架桃花芯木壳西洋钟，有三套塔轮盘机芯、八个铃、五个音簧，1885年英国制造；虽然老旧，但是品相仍然精致。先夫走了两年，这个老钟代替他陪伴着他们，好像一个默默的守护者。

母亲的心好像又被剐了一次，她流着泪取下了这口钟，踩着碎步，咬着牙把它送进了一家当铺。她的声音都在颤抖："为了娃娃的前途，老聂啊，你别怪我啊！好好保佑我们的儿子吧！"

母亲用八音钟换来十块大洋，去学校交了聂耳的学杂费。这个苦苦期盼的孩子终于可以顺利入学了。

聂耳和哥哥们放学回家，发现家里的八音钟不见了，他们还以为家里来了窃贼呢，这口钟可是他们家最珍贵的宝贝。异常愤怒的他们看到了母亲内疚而不安的眼神，才知道为了让聂耳上得起学，母亲无奈当了这口钟。

几个孩子都哭了，他们一直以为父亲的魂魄藏在那个八音钟里。尤其是聂耳，那悠远的钟声一直叩响着他心灵的某个角落，如同父亲温暖的手在轻轻触摸。如今，最后一点关于父亲的念想也失去了！

泪水像小溪冲洗着聂耳的脸，他那么怀念父亲和父亲的八音钟，他的耳朵再也听不见"叮——叮——咚——，叮——叮——咚——"的声音了。可是，当看到被哀伤袭击的母亲，她疲惫的脸上扭结着怎样的痛苦？

那一刻，聂耳明白母亲的苦心，难道母亲不比自己更加舍不得那口钟？为了让自己上学，母亲付出了怎样的代价！聂耳在心底发誓，一定要让母亲成为幸福的人，他一定要为此加倍努力。

小聂耳走近母亲，哭着搂住母亲说："我一定会加倍努力学习，让您为我骄傲！"这句话也是在向母亲表白，"妈妈，总有一天您会明白，我这个小不点值得您付出这么大的代价，我会在心底记住父亲和您的恩情！"就这样，1918年春，聂耳成了昆明县立师范附属小学的一名小学生。

艰苦的生活环境，让他早慧、沉着、勤勉、懂事、刻苦。他比任何人都珍惜每个上学的日子。上学以来，他从没请过一天假、迟过一次到。他觉得宝贵的知识是用心爱的八音钟一个一个音符换来的，他绝不能浪费任何一次学习的机会。他的耳边始终萦绕着母亲轻轻吟咏的花灯调："盛年不重来，一日难再晨。及时当勉励，岁月不待人。"

在同龄人的记忆中，小聂耳以非同寻常的懂事、顾家、勤俭、刻苦等良好习惯，给同学和老师们留下深刻的印象。为了减轻家里的负担，小学期间，这位小学生几乎没有花钱购买过课本；这位小小抄写员，就用家里包中药的废纸抄写课本，一直到深夜。妈妈看着油灯光里孩子瘦小的身影，又负疚又心疼，这一笔一画的特殊课本呵，笔笔都画在母亲的心头。"难为你了，我的小四狗（聂耳小时候的昵称）。"母亲心疼地抚摸着儿子的头。

聂耳感受到了母亲的怜爱，他抬头向母亲呵呵一笑说："这是我发明的独特读书法，抄一遍就全记住了，还可以练好字呢！"用幽默乐观化解苦难的沉重，这位天才少年的心量足以让母亲倍感欣慰。

"三岁看到老"的俗话有几分道理，坚韧不拔、贫贱不移；这个穷人家的孩子，正像母亲花灯调里唱的那些大英雄一样，用乐观勇敢的笑容面对一切困难，尽管他还只是一个小孩。

上学第二年，昆明遇见了难得一见的寒冬，居然下起了大雪。天气严寒，可是聂耳连件厚外套都没有，更别说可以御寒的棉袄了。风像刀子一样。母亲心神不宁地看着压得低低的天，雪还在下，空气像被冻住了一样，她不禁打了一个寒噤。夹衫太单薄了，在这种天气简直像没穿衣服一样。母亲思前想后，还是说出了口："娃娃今天请假不去上学了，天气太寒了。"

可是，聂耳哈口气搓搓冻得发麻的手，笑着回答母亲"不冷不冷"，就头顶着书包，一头冲进了风雪中。

昆明不多见的凛冽之气扑面而来。彭寂宽望着风雪中那个越来越瘦小的点，心疼的泪又来了。她的儿子难道不是肉做的，而是铁打的不成，这小家伙的小小身体里是怎么迸发出这样巨大的力量啊！

彭寂宽觉得，小儿子身上的这种力量让她震撼，让她心疼，也让她欣慰、自豪。她知道自己的这个小不点，一定不会辜负她的期望。他咬牙吃苦、刻苦求学的精神，让她相信，这个娃娃将来一定出类拔萃。

当母亲站在家门口暗暗为儿子又担忧又自豪之时，那天全校只有四个同学风雪无阻地上学了。老师非常感动，表扬他们不畏严寒勤奋读书的精神，号召同学们向他们学习。

就凭着这样一股子求学精神，聂耳在昆明县立师范附属小学读完三年初小课程，品学兼优，所有成绩全部第一。高小入学需要选拔童子军参加训练，聂耳被选上了，可是童子军训练的服装需自费定制。家里拿不出定制服装的十几块钱（这相当于全家一个月的饭钱），聂耳只好被迫转学到一所私立小学——求实小学读高小。贫困赶着他奔赴新的命运。

求实小学比公立小学收费低，对贫困学生和成绩优异的学生实行减免学费的办法。这无疑对聂耳这样的家庭很有吸引力。

聂耳那时并不知道，这其实是命运一次美妙的安排。这个在外界毫无声名的学校，非常重视音乐教育。这位音乐天才儿童，即将在这所学校崭露头角。

更有意味的是，就在聂耳准备入读求实小学的时候，他们再次被赶到一个租金更加便宜的住处——端仕街44号。

而恰恰在这里，聂耳遇见了他人生中第一位音乐老师——他们的新邻居、一位爱吹短笛的年轻木匠。音乐之神，就是这样巧妙地安排聂耳邂逅他，安慰这个为音乐痴狂的孩子。

前面叙述过，因为受到母亲的影响，聂耳自小就对音乐非常敏感。母亲的玉溪花灯唱腔，那些戏词、那些旋律，伴着母亲的睡前伴读，早已深深融入他的血脉之中。在昆明的街头巷尾，那个年代玉溪花灯非常流行，是节日诞庆的常规节目。机灵的小聂耳早竖着他的耳朵、睁着黑眼睛，在人流中、灯影下模仿学习。

世界，对这个出身贫寒的孩子，就是最宽阔的大课堂。现在，聂耳一家搬到端仕街44号，隔壁的邻居，居然拿着一根竹管子，坐在门槛上，用那根竹管子吹出潺潺流水一样的音乐。那些声音好像在空气中流淌，带着透明的波纹，或者美妙的翅膀，专门来找聂耳的耳朵，邀他乘着音乐的诗情从此出发。

这位普通的木匠，普通的劳动者，成为聂耳心中的缪斯，他的第一位音乐先生。聂耳被这音乐感动着，手指头情不自禁跟着这位叫邱师的木匠的指法而动，他就这样用心地看着、学着，很快他就从邱师这里学会了吹竹管子——短笛。他学会后，又当了小先生——他教两个哥哥学会了吹短笛。

从此，聂耳成了不只会吹叶子的娃娃（叶子是他的天然“绿笛子”），他真正学会了第一件真正的乐器——短笛。那乱糟糟的声音里果然隐藏着律动，他渐渐可以在自己的唇间指尖感觉到了，目前虽然还只有那么一点点，但也足以让聂耳为之兴奋欣喜。

接着又是与音乐的奇妙邂逅。有一天，聂耳和哥哥叙伦一起去翠湖玩。途经三丰庵的时候，他们听到这个古寂的庵里传来阵阵乐声。

那是他们从来没有听过的曲调，又热闹又寂寞，又高亢又迂回。兄弟俩不由自主停下了脚步，不由自主地走进了三丰庵。

只见眼前一片炉烟缭绕，铜鼎香炉里燃着薰香烛火，如同一个世事尘外的境地。音乐从烟火中传来，隐约可见一群人正在神情肃穆地专注演奏。聂耳兄弟俩蹑手蹑脚地靠近。

这是聂耳第一次听到这种崭新的音乐，全身心感受到一种庄严浩气从脚底升起。啊！这世界究竟有多少种音乐形式啊！这种音乐形式对他来说是陌生的，此刻却像一股暗色的烟火攀住了他；不，像一条银蛇紧紧盘住了他，让他无法动弹，不过身上每个细胞都在吸收、都在享受。

天真活泼的聂耳，自幼喜爱乐器。这是他8岁时用小号作烟艺表演，但他从不吸烟

原来，这是三丰庵在做道场祭拜祈福，请了音乐班子演奏“洞经调”（后来聂耳受“洞经调”的影响，在这种曲调的基础上，大胆创新，在上海创作了著名的《翠湖春晓》）。

音乐班子里的乐师各施绝技，演奏笛、箫、唢呐、三弦、筝、七弦琴、锣、鼓、钹、磬等乐器。那时聂耳还弄不全这些乐器的名字，各自又有什么作用。他用崇仰的目光，瞪大眼睛一个一个打量，渴望自己走进这个世界里去。

这时，聂耳发现演奏的人中有一个人很是眼熟，后来过去轻轻问，那位演奏胡琴的师傅居然是他们以前住在“藩台衙门”的老邻居姚大叔。姚大叔是一位热心人，看到聂耳对“洞经调”很感兴趣，就耐心讲解给他听。聂耳回家后，就用简谱记下这些曲调。

以后聂耳和他的哥哥们经常去姚大叔家，向他拜师学艺。后来姚大叔还把他介绍给另一位董老师，聂耳还向一位金老师学习三弦。就这样，聂耳从此开始正式学习“洞经调”，也熟练掌握了胡琴、二胡、三弦和月琴等乐器的演奏。

初涉音乐艺术，求实小学又为聂耳展示音乐才华提供了舞台。为了活跃学生的文娱生活，求实小学经常举办游艺晚会，有一些节目表演，比如清唱、双簧、乐器演奏等。

聂耳上台为师生们演奏《梅花三弄》《苏武牧羊》《昭君和番》《木兰从军》这些传统曲目，聂耳很快成为学校文娱活动的主力。学校成立了一支“儿童乐队”，聂耳是这支乐队的指挥。

聂耳在这个阶段，不仅表现出了富有天赋的音乐才华，也表现出表演天分。他本来天生就是模仿家，幼年在中药铺子里模仿玉溪老家人说话走路的样子，惟妙惟肖，让人记忆犹新。

夏天的夜晚，家家户户搬出竹凳坐在户外星空下纳凉，这成了聂耳的另一个表演舞台。那时候，男女分校上课，男校演戏就得男扮女装。聂耳个子小，在学校常被安排扮演女主角。这些夏夜的纳凉之所，就成了聂耳和伙伴们戏剧表演的预演时光。聂耳扮演过《克拉维

1924年，求实小学学生音乐团团员与教师合影，前排左二持三弦者为聂耳

哥》《少奶奶的扇子》《女店主》《断鸿零雁》等戏剧的女主角。他的表演给大家带来了欢笑。

在求实小学1925年毕业典礼上，聂耳出演话剧《青春之梦》主角，这也是他第一次公开演出话剧。

同时，也是在求实小学，聂耳第一次表现出本性中狮子般的勇气和力量。求实小学资金薄弱，没有自己独立的校舍，是借用孔庙的名宦、乡贤两座祠堂作为校舍。1922年，这些名宦、乡绅以修理孔庙为由，勒令学校迁出。等房子修好了，大门却被他们锁了起来，以“孔庙不能办学”为由，不准学校搬回来。这样的行为说明他们修庙是借口，把老师和孩子们赶走才是真实目的。求实小学没有固定的校舍上课，学生无法安心学习。

难道他们宁肯让房子空着，也不让穷孩子在这里上课吗？一心求学的聂耳看到这种无耻的现象，愤怒地在心底质问。当时聂耳担任学生自治会会长，他觉得这次一定要联合同学们一起行动才能获得成功。他对同学们说：“他们这样无理，不让我们读书，我们应该和他们斗争，一定要把学校要回来！”

聂耳组织同学们走上街头，用发传单、编歌、演剧等多种形式，向普通大众控诉乡绅们霸占学校的不合理行为，一时引起轩然大波。

最终，迫于舆论的压力，校舍归还给了穷孩子们。像聂耳一样贫困的孩子又有校舍可以上学了。几乎所有人对聂耳的正义和勇气印象深刻。

为了表彰聂耳护校的正义行为，校长还特别为聂耳颁发了一号褒状，称赞他“成绩甚佳，品行高尚”。

还有一件趣事为大家津津乐道，在这所学校流传一个孩子用一篇演讲为学校赚四百大洋的故事。原来有一天，有一位傣族土司来求实小学参观考察。聂耳被选为学生代表上台致辞，因为紧张，他忘记了老师事先给他写好的台词；急中生智，只好用自己的方式表达。他的致辞真诚朴实、声情并茂，让这位土司很受感动。土司把致辞中的“辅助”听成“补助”，于是聂耳致辞结束后，他向学校赞助四百大

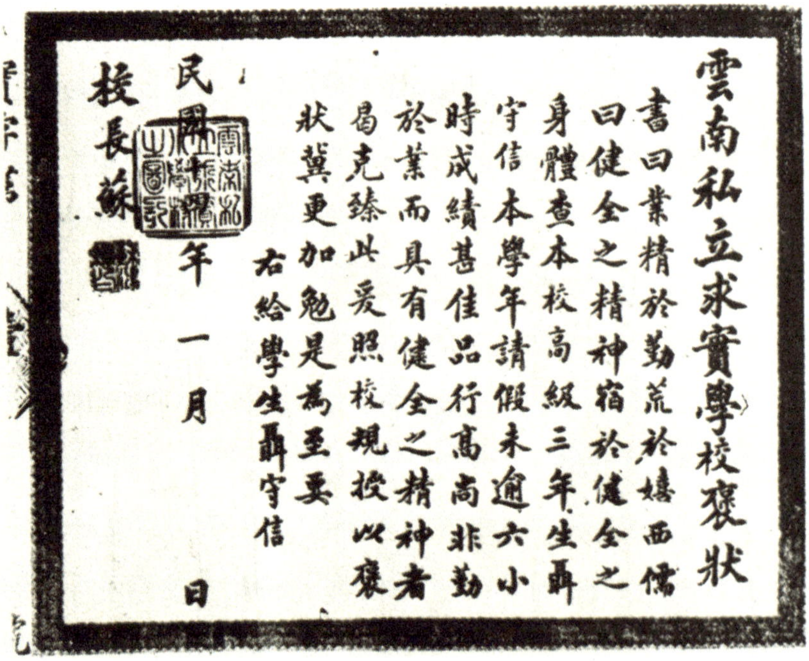
雲南私立求實學校褒狀
書曰業精於勤荒於嬉西儒曰健全之精神宿於健全之身體查本校高級三年生聶守信本學年請假未逾六小時成績甚佳品行高尚非勤於業而具有健全之精神者曷克臻此爰照校規授以褒狀冀更加勉是為至要
右給學生聶守信
民國十[illegible]年一月　日
校長蘇

云南私立求实小学发给聂耳的一号褒状

洋。这个皆大欢喜的结局让聂耳给母校留下了深刻印象。

1924年，聂耳以全校第一的成绩从求实小学毕业。毕业那天，他还邀请母亲参加了自己的毕业典礼，观看自己的汇报演出。他向母亲交了一份完美的成绩单，回报当年母亲舍钟助学之恩。

音乐少年

小学毕业，意味着面对入学初中的难关，当然又是经济的原因。当时的中学生一般在学校寄宿，住宿加伙食费，昂贵的费用对聂家来说无异于天文数字。

聂耳到处打听，得知云南省第一联合中学有10个插班走读生的名额，走读意味着可以不交食宿费。他马上报考，以优异的成绩考取了。

在这个班上，只要读5个学期就可以毕业。食宿费免了，学费还没着落。走投无路的聂耳想到了自己的小学老师杨实之，这位正直善良的先生让聂耳可以向他坦陈自己的困境。

杨老师果然慷慨解囊，借给他钱交了学费。就这样，聂耳终于顺利入学云南省第一联合中学，开始了初中新生活。

他家离学校路程不算近，每天从家到学校来回往返四趟，在路上花费的时间要两三个小时。这对一个刻苦求学的学生来说，这点路程不是距离，而是强健体魄、锻炼身体的好时机。

除了每天走路上学，聂耳还坚持早起锻炼，他坚信男儿当自强，首先要有健壮的体魄。不仅学生阶段，成年后，聂耳也一直保持着锻炼的好习惯。他虽然个子不高，但体魄很是强壮。

在学习上，聂耳继续发挥刻苦钻研的精神，规定自己当天学习的知识必须当天消化理解，不弄懂绝不会上床睡觉。更重要的是，聂耳不是一个读死书的学生。他阅读面非常广，天文地理、哲学政治、心理学、艺术类，凡是他感兴趣的，抓来便读；有的精读苦思，有的囫囵吞枣，他像海绵一样吸收着知识的养分。

在求学过程中，聂耳有一个特殊的好习惯，那就是记日记。从初中二年级开始，他开始坚持记日记，大量记录他的生活、阅读、学习和困惑、思考。

也是从这时候开始，聂耳爱上了写作，他的文笔简练清晰，偶尔还会创作一些诗作。这里节选聂耳在初中二年级第二学期的一篇作文，从这篇《我的年假生活》的作文中可以真切地了解这个音乐少年当时的状况：

> 自从放了年假之后，我的年假生活大概可以分为下列的四大件：一、自修工作。二、爱国运动。三、社会事业。四、身心锻炼。
>
> …………
>
> 现在我来说我的“身心锻炼”。我这身心锻炼，并不是要将它怎样的锻炼。只要将下面的这几件锻炼了，随时都不忘了我的身心就可以了：
>
> 1. 身体健康。2. 人格伟大。3. 意志坚强。4. 智慧灵敏。5. 忠诚。6. 友爱。7. 互助。8. 勇敢。
>
> …………

老师对这篇作文的评语是“所述颇忠实，文亦明净”。

聂耳在文末还论述了自己对幸福的看法。从所选段落来看，可以看出他惜时如金、自律甚严的学习习惯和宽阔全面的阅读视野。尤其是从其身心锻炼八点，可以看出这位天才少年人格心灵的追求与对音乐的领悟的对应关系。

聂耳在初中保持德、智、体全面均衡发展，这些素养为他后来的发展打下了坚实的基础。

正如聂耳作文中所写的，学习之余，他就“搞一下音乐”。音乐对他，是休憩大脑的最好方式，也是他情之所寄。正是音乐这位慷慨的朋友，成为这位天才少年最亲密的伙伴。

前文叙述他们兄弟几个弄了一个家庭音乐会，最开始学会了吹奏，却买不起一件乐器；他们也实在想替拮据的母亲分忧，想利用寒假打工挣钱，又实在找不到可以干的活儿。

聂耳想了一个点子——春节前摆摊写春联。小学后两年的寒假，他们在昆明南城的闹市区三市街摆摊写春联。兄弟仨先在市区沿街逐户抄写张贴出来写得好的春联，然后去三市街摆开字摊。三兄弟一起上阵，结合顾客的需要参照着写。因为他们字好，写得很认真，速度又快，很多人都乐意找他们写。就这样从早写到晚，几天下来收入也不错。他们用赚来的钱买了长衫，还给家里添了些日用品。

那时乐器对他们来说仍是一个奢侈的梦。直到有一年过年，兄弟仨把亲戚长辈给的压岁钱凑起来，才实现了很久以来渴盼的梦想——买了一支笛子和一把胡琴。这样，他们终于结束了到处找人借乐器表演的历史，从此拥有更多的机会好好练习乐器，他们的家庭音乐会也越来越像样了。

在中药铺子里吹拉弹唱，热热闹闹，音乐让一家人的心紧紧聚在一起。乐曲声和欢笑声时常从他们家中飘出来，很快，就吸引住了一位新搬来的邻居——音乐教师张庾侯。

张庾侯比聂耳年长几岁，当时他是省师附属小学的音乐教师，会拉小提琴，有较深的音乐造诣。当他被聂耳一家的音乐之声吸引时，却不知道他和朋友在家里拉琴的声音同时早就吸引了聂耳。

有一天，聂耳听到新邻居家传来悠扬的乐声时，情不自禁地走到了门口叩响了门。张庾侯打开房门，也向聂耳打开了自己的音乐之门和友情之门。张庾侯打量着这位目光炯炯的少年，对聂耳的名字早有耳闻，更别说对他们的家庭音乐会神往已久了。这对音乐同道从此成为终生的音乐挚友，亲如兄弟。他们经常一起聊音乐，想法子找到乐器演奏练习，张庾侯也成为家庭音乐会的重要成员。

张庚侯回忆道："我向朋友借了一把小提琴，我自己还有一架日本造的三组风琴，在楼上学拉小提琴。聂耳同志有时也在大门口站着听，我见了便拉他上楼来找同学玩。他拉提琴，我按风琴，一人一样，也就无师自通地奏起来。"

聂耳热爱小提琴，可惜小提琴很昂贵，家里实在买不起，又很难借到，也找不到老师指导，只好暂时放弃。

1930年1月26日，聂耳与省师附小音乐教师张庚侯的合影

但是，不久命运又给了聂耳邂逅的奇遇。进入初中学习后，聂耳非常注重音乐的学习，同时他也意识到学习英语的重要性。英语是打开眼睛看世界的工具，他非学好不可。

为了提高自己的英文水平，聂耳和张庾侯一起报名参加威远街的英语补习学会。正是在这段英语学习时期，他邂逅了法籍英文老师柏西文先生。

柏西文是昆明近代文化史上颇具分量的人物，他的母亲是广东人，父亲是法国人。他在英、德、法三国生活多年，民国初年来到昆明。他精通法语、英语、德语，是一位研究国学、史学的学者，写得一手漂亮的书法，又善丹青、懂音律、长于诗文。他来到昆明后便爱上了这座边陲小城。他创办英语学会，分初高两班，上午上一次课，下午上一次课；平时独居寓所高楼，不太与人往来。

聂耳来到英语学会补习英语的第五天，在柏西文的寓所下，听到一阵琴音从楼上敞开的窗户流淌出来。音乐像灵动的清泉，溅洒在聂耳的天灵盖上，他顿时打了一个激灵——这是父亲的八音钟在响吗？

不，这声音有些像，但分明又不是，它更流利、畅达、悠远。那曲调里有一种忧伤，有一种倾诉不清的思绪，忽而又喜悦轻盈起来，像要飘到云端去。音乐把天空染成了碧绿色，是没有尘埃、明朗朗的绿，是春天到来万物吐芽的绿，是生命与希望交织的绿。

这叮咚叮咚的声音，击中了聂耳的心。少年仰面眺望着楼上的窗户，他的心随着叮咚叮咚的声音怦怦地跳着，那里生出一万种渴望和好奇。

那个英文课上得那么好的外国老师居然会弹出这么美妙的声音。他多么渴望见见他弹奏的乐器，哪怕让他摸一下他也会觉得满足。

还是柏西文发现了这位长时间停驻在寓所楼下的少年，一连三次。有一次，他停下弹奏后，隐隐听到从窗户外飘来一阵悦耳的音乐声；仔细一听，真奇怪，居然是他刚刚演奏的《献给爱丽丝》的主要曲调。

这位老先生大吃一惊。他走到窗前探身一看，发现楼下又是那个少年，站在冬青树下吹奏着什么，《献给爱丽丝》的曲调正从他的嘴里发出来。

深居简出的柏西文这次主动向这位少年发出了邀请：“来吧，孩子，到楼上我家来一下。”他想看看这个孩子究竟在演奏什么，等发现聂耳不过是用一枚冬青树叶吹出自己演奏的曲调时，他的眼睛灼灼发光：这是大自然天赐的禀赋啊！这个对音乐乐理几乎一无所知的孩子，古典音乐也几乎一窍不通，但是他居然听一遍就能飞快记住一段曲调的主要部分。而当聂耳说起对某段音乐的理解时，他总是能立即抓住音乐的主旨部分，他能侃侃而谈对自己而言十分陌生的中国音乐，神情亢奋、激情四溢。

这些都让柏西文连连惊叹。他抓起聂耳的手仔细察看，发现那上面结着勤奋练习弦乐留下的茧子。不用问，他就知道，眼前的少年对弦乐已有一定的功底。

柏西文多惊讶呀！他教了这么多年英语，居然在补习班里发现了一个音乐少年天才！

这位洋人老师爱才心切，他决定教这位少年小提琴和乐理知识，悉心调教。命运待聂耳不薄，当他准备放弃小提琴学习时，命运却给他带来了最好的小提琴老师。

柏西文教会聂耳正式入门小提琴，小提琴从此成为聂耳最爱演奏的乐器。后来昆明开了一所美术专门学校，柏西文成为这里音乐系的钢琴教授，柏西文经常带着聂耳去美专听课。那里有很多西洋乐器，让聂耳大开眼界。聂耳开始广泛吸纳西方乐理，学习演奏各种西洋乐器，初步具备了现代的世界音乐素养，为他日后成为世界级的音乐大家奠定了基础。

同时，聂耳上初中的这段时间（1925—1927年），正赶上中国政治局面动荡不安，革命形势急剧变化。

1925年5月15日，上海的日本资本家借口存纱不够，故意关闭第七纱厂，停发工人工资。工厂工人在共产党员顾正红领导下，与厂方进行说理斗争。日本人向顾正红连开4枪，顾正红当场身死，激起群愤。

5月30日，上海学生2000余人在租界内散发传单，集会讲演。英国巡捕进行镇压，逮捕学生，激起市民更大义愤；1万余名群众集中在公共租界南京路老闸巡捕房门前要求释放被捕学生，高呼“打倒帝国主义”等口号。英国巡捕开枪射击，群众死10余人，伤无数，造成震惊中外的“五卅惨案”。

反帝烽火蔓延到昆明，工人与学生成立“五卅惨案”后援会。云南省第一联合中学开始了支援上海工人学生、抵制日货的运动。他们在华丰茶楼举行义演。聂耳是主角。他和同学孙书明为一组。

为了吸引行人，聂耳把锅底黑灰涂在脸上和手脚上，腰上系着自制的藤条腰带，把自己打扮成跳踢踏舞的黑人。

面对围拢的行人，聂耳讲述“五卅惨案”的经过，大声动员民众：“现在这时候，中国人到了生死存亡的关头。我们中国人，每个中国人，难道还不应该站出来，尽责任、担使命吗？”群众听后热烈鼓掌，纷纷慷慨解囊支援上海。

聂耳和同学们把募捐得来的款项，全部汇往上海。聂耳在这一年所写的《近日国内罢工风潮述评》的作文里，提出“欲免罢工之患，非打破资产阶级不可”的结论。这种思想与当时中国共产党非常看重在学校开展工作、传播革命思想、提高学生的政治觉悟有关。

在这种思潮影响下，聂耳大量阅读进步书籍报刊，开阔眼界，增长见识。当时广泛流传的《国际歌》《国民革命歌》《工农兵联合歌》，这些激越豪迈的革命歌曲深深印在聂耳的脑海当中，让他心潮澎湃。

时政风潮让这位爱国少年热血汹涌。聂耳后来正是沿着这条道路奋进，创作出大批具有时代意义的革命战歌。

花灯调、洞经调等民族音乐和柏西文带给他的世界音乐，加上时事风起云涌的革命音乐，三股音乐汇聚一体，奇妙地糅合在这位音乐天才身上。音乐的支脉终于在聂耳的花季少年时期三脉合流。我们的主人公在成长困境中百折不挠的可贵坚持，终于获得了命运的最高奖赏——音乐任督二脉已具雏形；只等东风一到，他的才情就能大放异彩，不负才华、不负青春。

从1918年到1927年，从小学到初中毕业，聂耳从一个天真灵秀的懵懂儿童成长为一个崭露头角的阳光少年。这位在艰难困境中矢志求学的少年英才，始终如一，砥砺奋进；用丰富的知识武装自己，用多面的音乐拓展自己，九年来一直品学兼优。尤其在音乐学习方面，他博采众长、虚心求教、刻苦钻研、反复练习，到初中毕业时，已经成为备受关注的音乐才子。

看这个少年笃定自信的眼神，我们似乎听见了他的心声：“我何惧之？让人生和时代的风雨，来得更猛烈些吧！”

求学路冲出云围

1927年，聂耳进入云南省立第一师范学校（以下简称“省立师范”）高级部外国语组学习，并开始随张庚侯学习小提琴，与其三哥聂叙伦、友人李家鼎等经常在家里进行民乐合奏等活动。1928年，聂耳加入了中国共产主义青年团。他阅读了大量进步书籍，并认真研读马克思主义著作；参与进步组织举办的游艺会，表演进步话剧，直陈社会弊病。1929年7月，昆明发生火药爆炸事故，聂耳与其他青年一起成立了“七一一”救济青年团，为灾民争取利益。1930年7月，聂耳从省立师范毕业，因为上了国民党政府的黑名单而被迫离开云南，前往上海。

入学求知

1930年10月19日，聂耳在日记中这样写道：

天哪！这云南唯一的公费学校啊！那投考人数之多，监视之严，实在比我前次的投考初师增加了几倍。两次的复试，出三次榜，也算侥幸高中了。虽然是公费，在入学前难免没有一些困难。老实说，若是保证金和卧具不是自己去想法，当然也不会有进的希望。

他所说的这云南唯一的公费学校是云南省立第一师范学校，这是聂耳心中憧憬已久的学校。其前身是云南省师范学堂，辛亥革命后从五华山迁到今天的光华街抗战胜利堂，当时是清代云贵总督府驻地，也随之更名为云南省立第一师范学校。

这样一所学校之所以让聂耳念兹在兹，是因为省立师范是当时云南省学生运动的中心；在地下党和共青团的直接领导下，该校的学生们参加校内外进步活动很频繁，在青年进步学生心中有着重要的地位。那颗年轻的滚烫的进步的心呵！

但哪次入学不让家境窘困的聂耳费尽周折呢？虽然聂耳毕业成绩优异，但是升学是家有盈余者的梦想，对母亲彭寂宽来说，硬撑着让小儿子读完初中已经是这个贫困之家的极限。她早盼着懂事能干的小儿子早点毕业，早日谋生，早日使这个特殊的家庭摆脱困境。

1927年夏天，聂耳一毕业，彭寂宽就马上带着聂耳百里赴故乡：希望借用老家玉溪的人脉，能够给聂耳谋到一份安稳的职业，至少能够自食其力，如果能够多少补贴点家用当然更好。

聂耳从小就是一个非常孝顺的孩子，他明白母亲的心思和家徒四壁、四处借债的尴尬艰难，虽然他也想为母亲承担，但又放不下内心的渴望。

天啊！如果他这么早就停学谋职，那么他就变成了为稻粱谋的凡夫俗子，他的小提琴、他的笛子、他的二胡、他的钢琴，全变成今生陌路，要知道他的求知之路才刚刚开始，他的羽翼才微微张开，他的梦想之灯才刚刚点燃，不！不！不！

反抗命运的乐音在聂耳心中沉重地激荡，怎么办，怎么办？聂耳的人生应该是音乐相伴的人生，应该是走在时代最前列、冲锋向前的人生，不该停滞，不该倒退，不该屈服！

所有这些声音沉默地在聂耳心中循环播放着，但他却什么也不能说。他知道自己哪怕说错一个字，都会深深伤害他的母亲。母亲为他已经付出太多，帮助他走到现在已是万般艰辛，他如何能伤她，如何能逆她的心意？

许多难眠的夜晚，许多思念音乐向往新学校的梦想，都写在聂耳的日记里，传达在他的歌声中。但是，他始终没有对母亲说半句埋怨的话。

直到聂耳终于想到给母亲写信，用这种方式委婉地告诉母亲自己的想法、思路。他在给母亲的信中列举了工作与升学的利弊，冷静地思考入读云南省立第一师范学校的理由、困难和解决办法。1927年七月初十，他这样写道：

> 我要进高师的理由：
>
> （一）在从前的时候，哪家有一个子弟是读书的，大家都认为是光荣的。现在我们家有三个儿子，两个做事，可以供一个上进深造。
>
> （二）省立师范学校虽然不是完全公费，但供有伙食。假使不进学校，在家还是要开伙食。计算此项伙食费，每月约计十元，四年即可省四百八十元。
>
> （三）初入校时所缴的费用共十六元。十元的保证金，毕业尚可退还，每年不过六元。假使不进此校，英文是要上的，计算此项学费，每月一元，四年须要四十八元。该校所需费用四年不过二十四元，这又可省二十四元。
>
> （四）若果不进此校，在家闲着，当然是不可能的。去做事呢，恐怕人家说年龄幼了，做事没有经验、把握。假使能有合格的事，还要听候机会，并且哪天能有事还不知道。假使有了合格的事，每月不过一二十元，除伙食零用外，哪里还有补助家庭的钱呢？
>
> （五）进省师的外国语组，专门研究英文和选修别的科学，毕业后恐怕有出外的机会。假若不能，最低限度总有一个中学教员的职任。

> 我要进高师的困难：
>
> （一）初入校时需缴若干费用：1.保证金十元；2.讲义费四元；3.体育费二元；4.书籍费等。共计二十多元。这项费用是最初要用的，现在家庭中一文没有，哪里能缴呢？
>
> （二）省师是一个不能通学的学校，要迁入学校寄宿，寝具当然就是一个困难问题。

这是一篇让人动容的日记。我们可以想象年仅15岁的聂耳是如何设身处地地为母亲着想的，又是如何精打细算地为自己的未来谋划的。

家境清贫，困难重重，聂耳提出了种种解决办法，这是他深思熟虑后的解决之道：

> 我要进高师之困难的解决方法。
>
> 有了困难必要战胜，所以有解决的方法。
>
> （一）我们家里并不是常常如此的，总有发展的一天。现在二哥考取邮局，俟有缺时，他总要来传，最初的一个总是二哥。三哥已经入银行差不多一个月，俟学习期满即可领得薪水。所以第一个困难依我的解决法是现在和朋友处暂借一时，以后可以慢慢偿还。
>
> （二）一个人的寝具甚为简单，垫的已经有了，盖的可以向朋友处暂借。以上困难问题依这解决法去做，若做得到就可以进，做不到就不能进。

正是聂耳采用了这种非常成熟、理性、智慧的方式，用这种小心翼翼关爱的方式既保护了母亲的自尊，又为母亲指出了未来解决问题的方法。彭寂宽十分欣慰，她的老儿子真的长大了！未来可期，她为什么要中断他的前程呢！她点头赞同聂耳的提议：“考吧，孩子！”

聂耳就像得了轻风的翅膀，哦，母亲，伟大的母亲，我一定用双倍的努力报答您的恩情!

顾虑和牵绊没有了，聂耳投入了忘记晨昏的学习迎考中，他知道，他要找到的路就在省师，现在他终于可以跑步向它靠近了!

聂耳随即投入了紧张的复习备考之中，并制订了严格的复习备考计划：

1. 日睡眠八小时，起寝时间宜有一定。

2. 起床即行冷水擦拭或冷水浴。

3. 每日晨起，户外散步二十分钟。

4. 每日餐前，散步二十分钟。

5. 每星期入浴两次（星期三、六）。

6. 晚餐后不宜饮茶，其他液体只宜少饮。

7. 晚餐后不宜作兴奋工作，宜安静身体，爽快精神。其适当之事为愉快之社交的娱乐法，以不费心思之游戏，静雅之音乐为相宜。

8. 在就寝二小时以前行单纯的散步及体操等。

9. 寝前宜漱口。

10. 进食前后三十分钟不宜运动。

11. 入床后不能熟眠，可于床中行呼吸法，不宜过强。

12. 入浴后宜行深呼吸。

13. 运动后不宜继续用脑，需要俟身体安静片刻。

14. 运动后即可入浴，冷水擦拭或冷水浴。

15. 修学时宜正姿势不致疲乏。

16. 修学时若脑子不清，不妨横身椅上行一欠伸。

17. 修学时若心地不爽快，不妨就其座上行深吸法，并合两手互揉手掌及手颈至手尖之关节，亦可使气氛爽快，头脑敏活也。

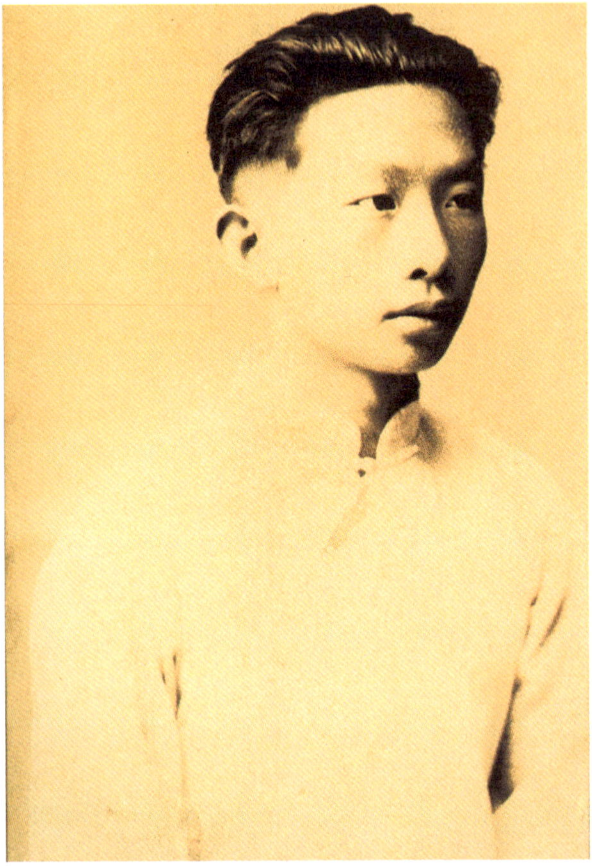

聂耳17岁时在省立师范学校读书时的照片

在玉溪聂耳的舅舅家里，环境安静，学习氛围极好；聂耳两耳不闻窗外事，专心投入备考。

经过两次复试，三次出榜，聂耳终于如愿以偿地考取了省立师范，放榜成绩居第十二名。

拿到放榜成绩，聂耳异常高兴；一路吹着口哨，蹦蹦跳跳地向家里跑去，每次都把脚尖垫得高高的。

母亲听到这个消息，心里绽开了花，脸上也绽开了花。但一接到缴纳保证金、买书和制备被盖和其他必需用品的费用通知单，她的心又咚地掉了下去，钱匣子早空得投了风，要备下这些费用，究竟怎么办?

据聂叙伦回忆，为了这简单的上学物品，“费了九牛二虎之力，东奔西走，才算借到一笔钱，把保证金交了，书和一些必需品也买了。但更困难的是制备一套新被盖要花较多的钱，无法解决。我们弟兄一直是三人共用一套破旧的被盖。如果让聂耳带走了，两个哥哥就没有盖的。这时恰巧一位亲戚来到我家，知道了这事，主动地借给聂耳一套旧被盖，住校的问题算是暂时得到解决了”。

就这样，七拼八凑、东挪西借，经历几番波折，聂耳终于如愿以偿，进入了他的梦想之地——省立师范学校，他的梦想重新起航了!

正因为来之不易，聂耳才十二分珍惜这次学习机会。他当然是那个最认真、最用心的学生。他精心设计了学习的计划，列出了许多阅读书目。值得我们注意的是，在他这一阶段的日记中，我们欣喜地看到，马克思主义犹如一道闪电，闯入他的世界，并深刻影响了他今后的道路。

在1927年10月13日的日记中，聂耳不吝笔墨地抄录了马克思的生平简介。成为一个社会主义者，成为一个马克思的追随者，这个信仰的种子就这样在他进入省立师范学校之后被深深地埋下了，从此，一个像马克思一样的音乐战士从云南省立师范学校逐渐走上历史的舞台。

学习阶段，聂耳对地理、历史、算数、作文等课程认真攻读，一刻也不放松，尤其是英语和日语。日后的聂耳，能讲一口流利的英语和日语，和这个时期一丝不苟的学习是分不开的。

聂叙伦在《少年时代的聂耳》一书中回忆道：

> 聂耳进校以后更加奋发读书，课外的时间常常来到树下，静坐看书。有时带上一把小凳子做书桌，就在那里写起来了。英语是“外国语组”主要的学科，他对英语已有一定基础，但他并不满足于课堂上所学到的东西，还在课外阅读一些英文的文艺作品，不懂的地方就向老师请教，生字和成语，他都认真地用纸卡

记下来，一面写英文，一面写汉字，对照学习，每天坚持复习一遍到两遍，从不间断。他还认为："学"是为了"用"，如果只学不用，是不会有什么好效果的。他用英语写日记、作诗，在写的过程中，就可以练习发音和造句，并把学过的单词和成语反复应用起来，以加深记忆。记得有一次，他从学校回到家来，把门关上，练习英语对话。我正回家，走到门外，听到里面有两个外国人说话的声音，好像是在辩论什么，后来简直是吵起来了。中间还有外国女人的插话声。我敲开门一看，只见聂耳一个人，满头大汗。我问他："刚才在门外听到里面有人吵架，是怎么回事？"他笑着说："我学洋人吵架。"看他手里拿着一张写满了英文的纸，我才恍然大悟。

对英文的学习如此刻苦，对日文的学习不仅刻苦，而且有趣。聂耳在日记中还专门写了一篇《读日文》的小短文，记录了学习的乐趣。

有趣的聂耳和同学朋友们在一起常常谐趣百出，他乐观向上，深受同学和朋友的欢迎，是一个有着非同一般的表演天赋和音乐天赋的艺术青年。

聂耳的同学李树德后来回忆道：

几个朋友在一块儿谈天，他来了，没有特殊的仪态，可以引起较大的注意。突然，他背过脸儿，发出一声猪叫，或是一声狗叫，顿时气氛变了，活跃起来了。在座的人，也尽量表演起来，什么牛呀、羊呀、猫呀、鸡呀的叫声，全都有了，欢快的笑声，就少有停止了。在比较沉闷的时候，他的眼睛、鼻子、耳朵、嘴，常是不会静止一时的：两眼分开向两边外视，两眼珠各自移到外眼角处；或是两眼集中视力泌中间，两个眼垛，移到中间眼角外；或是鼻子翘翘绉绉，耳朵扯扯动动，手嘴的名堂，可就更多了。其他熟练的动作，一点也不牵强。

当别人照样仿效时，就感到不容易，少不了表现出一些嘴歪眼斜的怪现象，难免又引出一些笑声来。有年轻的在座就会更热闹些，不是拍掌左右两手交叉捏鼻子、耳朵、嘴，就是拍击左手由右手摸鼻子、耳、眼、嘴。急忙中有了错动作，又是忍不住的只有笑了。

在座有爱吸纸烟、烟瘾较大的人，常是喜欢吐烟圈作乐。一个大烟圈，又大、又圆、又浓，慢慢升起，煞是好看；或是大圆圈内装个小圆圈，或是两个、三个大圆圈互套起来……花样多多。

当他也来表演时，各种花样，都能照吐出来。但为了对纸烟交往少，功力差，圆度、浓度，不够理想，他就眉头一皱，另来一套。他尽量大吸一口烟，撮尖了嘴唇，用右手在右腮上轻轻拍击，拍击一下，嘴中跳出一个小圆圈，不断均匀地拍击，小圆圈也一连串地跳出来，数到一百七八十了，还不见跳完。别人照样试试，数到三五十个，就没有了。

有人刚想说再来一套，他的半截烟头，已放进口中，鼻头一皱，胸膈一伸缩，鼻孔中还冒出点烟雾来，加上些烟头落肚中，被烧难受的动作，旁人无不惊奇。看他罪受够了，嘴一张半截烟头又照样拿出来。动作利落，看不出有什么破绽。

若是旁边有乐器在，不论是小提琴、曼德林、二胡、三弦、月琴、风琴、手风琴、笛子、箫……他都能随意弹吹演奏，件件精通；与在座的合奏，音调都是十分动听的。

大伙听后，无不同声地赞扬："真是音乐天才！"这些表演动作，都是简易平常，人人都会的；可是在五十多年以前，在那半封建势力、旧礼教压制下，讲究尊严、规矩的情况下，又是多么新奇、多么大胆、无拘束的倡导呀！这也就是他的思想前进、目光远大、对前途充满信心、敢向旧势力冲击的坚强意志力

的表现。①

敢向旧势力冲击的聂耳刚好遇见了反革命风暴肆虐的时期，风暴肆虐中，马克思主义的种子开始在一个艺术青年的脑海中生根、发芽。

《我的人生观》

聂耳进入省立师范学校的时候，正值北伐战争、蒋介石叛变革命、“白色恐怖”笼罩的时期。在云南，统治14年的唐继尧倒行逆施，人民怨声载道。1927年，唐继尧的部下龙云成功倒唐，掌握了云南的军政大权。

为了迎合蒋介石的反共要求，龙云大搞所谓的“清党”运动，宣布成立“清共委员会”，大搞法西斯“白色恐怖”，加强镇压共产党势力。当时，仅1927年上半年，云南省共产党组织发展党员数目就达到550名，在云南各族人民中的影响日益扩大。

但龙云的“清共委员会”却不断抓捕杀害地下党员，他们甚至“只许州官放火，不许百姓点灯”，规定：晚上7点钟以后，只许大街道路点通宵路灯，而老百姓却一律不许点灯；入夜，各家都是一片黑暗，他们经常出动宪警，实施戒严，罗织罪名，搜捕共产党人和进步青年。

看在眼里的聂耳开始质疑社会的混沌和黑暗。他把当时的黑暗社会称为“国耻”，一是因为帝国主义的侵略，二是因为国内军阀之压迫。国内军阀的压迫甚至让他对学校生活都产生了厌倦。

---

① 李树德：《忆聂耳在昆明、玉溪》，载《聂耳全集》编辑委员会编《聂耳全集（增订版）》下卷，文化艺术出版社 2011 年版，第 182 页。

这学期来的沉闷的学校生活实在有些讨厌了，尤其是在这几天，天天都是滴答滴答的大雨，下个不息；又遇我们同舍的李云龙、郭耀辰等和阮荫槐低声细语的谈话，随时在我的耳周围缠绕，好像蚊蝇似的，讲什么努力去干啊！到社会去啊！做终身好友啊！什么那司令官啊！……真是的讨厌，真是的阻气，随时做出一种骄态来，真是看不得。

在沮丧和苦闷当中，聂耳的人生观发生了极大的转变，这从他的两篇同题作文中可以一见端倪。这篇同题作文叫《我之人生观》。

1925年，他初进联合中学时，这样写道：

人生于世，究竟为的什么？自然是：穿衣啊、吃饭啊、读书啊、升学啊、游历啊、结婚啊、病啊、死啊，不过如此而已。又问，所以要穿衣、吃饭、升学、结婚等，其终点究竟收得什么效果呢？总是不免于死——所以，人生在世还有什么兴趣见！总括起来，人生实在是“无味”！

现在不妨来谈一谈我的人生观：

我的人生观，非是宗教家的、哲学家的以及科学家的。不过，世界实是一个幻想，我想我们虽然一天一天过去，表面上不得什么，实际上还受政府和外人支配管辖。我觉得最好是等到大学毕业，去游历一转之后，对于学术有点研究，并且还有几个钱，那时我们又将如何呢？不消说，来到滇的西山，买点极清幽的地方，或是在省外也有极静或山水清秀的，也还是可以。约得几个同志，盖点茅屋，一天研究点学问，弄点音乐。不受外人支配，也不受政府管辖，如此，岂不是就终了我的一生吗？

当时的聂耳只有13岁，就有了“隐逸”的念头，“青年志望宜远大，不宜作隐逸之想”。老师在他的作文本上写下批语。

进入省师之后，昆明的学生爱国运动正是高涨的时候，在革命斗争中经过实践的锻炼，他的思想觉悟也不断提高，开始认识到消极的人生观是很错误的，必须彻底改变过来。于是1927年，在省师读书的作文本当中，聂耳又写了《我的人生观》。

> 因环境的变迁而使人生观改变这句话对吗？对的，我认为是对的。因为在中学时候我曾经作过一篇《我之人生观》，在那时的人生观可以说是消极的——因为受了社会和朋友的影响——但是自中学毕业后，考入省师后我的人生观又是一种，现在不妨写在下面。
>
> 恶劣的社会快要和我们有为的青年交战了——每一个人都是处在社会里的。既然人人都是在社会里过生活，当然要获得个人的生活。但是我们可以觉晓我们的自由究竟得着多少，完全是在几个军阀政客包办的手里。他们喜欢怎样完全是听便的。还有种种恶俗和许多不能适应新社会的旧礼教，仍然存在二十世纪科学时代的社会里。这些都是我们应当打倒的。换言之，就是打倒恶社会建设新社会。
>
> 我的个性是很喜欢工业。假使我有升学的机会，我希望入工科。我自己相信我稍有一点艺术天才。从我的个性去发展，所以我也要研究艺术。还有我希望做一个游历家（并不是鲁滨逊那种个人主义的思想），游历世界一周，由实地观察之所得以建设新的社会。
>
> 以上可以说是现在的我的人生观。或许因为环境变迁，人生观改变也不可知。

从上述两篇谈人生观的作文对比中，我们可以看出聂耳思想的变化。从消极的"隐逸"转到了要为改造旧社会、建设新社会而努力奋斗。

在聂耳随后匆匆却永恒的岁月中，我们可以看到：聂耳一直把全部生命的激情投入时代风潮当中，忧天下之所忧、乐天下之所乐，用一颗火热的赤子之心爱着受难的民众，爱着多舛的祖国；一直走在为人民群众鼓与呼的道路上，为改变不合理的社会奔波奋斗，直到生命的最后一刻！

省师是当时昆明学生运动的中心，国民党也不遗余力地打入省师内部，破坏学生运动。在反对军阀唐继尧拍卖省师校产和反对国民党枪杀梁元斌的事件中，省师爆发了声势浩大的群众运动，运动的洗礼锤炼了学生的思想，有觉悟的学生纷纷加入了中国共产党和共产主义青年团。

聂耳在他们的影响下，参加了中国共产主义青年团外围组织“读书会”，如饥似渴地读了马克思的著作，思想觉悟有了明显的提高。他曾经在初中二年级第一学期的一篇课堂作文里，针对当时的罢工风潮，一针见血地指出：“欲免除罢工之患，非打倒资产阶级不可！”

打倒资产阶级，就需要坚持马克思主义，这就是前文所述他认真摘录马克思生平的强大动因。打倒资产阶级，还需要积极加入马克思

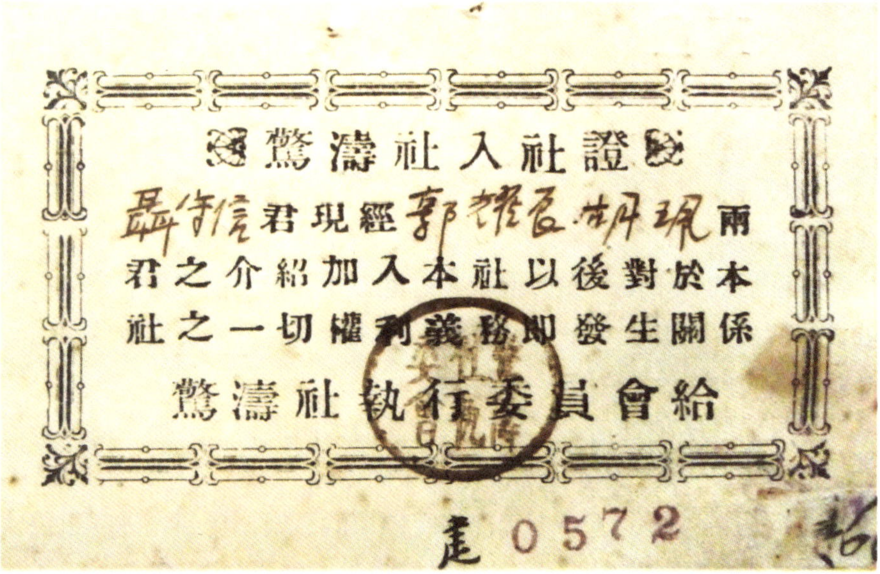
驚濤社入社證

聶守信君現經郭耀辰胡琨兩君之介紹加入本社以後對於本社之一切權利義務即發生關係

驚濤社執行委員會給

走 0572

1927年12月，聂耳加入学生社团“惊涛社”的证书

主义的先进组织。这样的机会很快就等来了。

1927年8月的一个傍晚，翠湖边上走着两个行色匆匆的年轻人，是聂耳和他的同学郭耀辰。走着走着，他们发现了前面有一个熟悉的穿长衫的背影。他俩立即加快脚步，赶上去，与之并成一排。

“老克。”郭耀辰喊道。

穿长衫的人绰号“老克”，是当时共青团云南省委书记李国柱，因他崇敬德国共产党创始人李卜克内西，因此在党内有“老克”的别名。

李国柱是中共党员，巧家县人。最早他在省立第一中学任图书管理员，后来因身份暴露不便工作，组织上送他到苏联去；在莫斯科中山大学毕业，然后才秘密回滇工作

李国柱听到有人叫他，扭过头来。“老克，这就是聂守信同学。”郭耀辰介绍道。李国柱紧紧地握着聂耳的手说：“守信同学，见到你很高兴。你的许多情况我早就听说了，你是一位好青年，你和同学们很打得拢，群众关系好，并且你还有很好的音乐天才和表演才能，希望你更加努力，取得更大的进步！”

聂耳受到很大鼓舞。他诚恳地抓住李国柱的手：“我什么都很差，还希望您多多帮助我，我看书很少，知识很不够，请您多给指导，希望有一天能够做一个共青团员，这是我最大的愿望！”

李国柱同志赞赏地点头，高兴地说：“很好！你愿意参加工作，我们是非常欢迎的。”为了安全，避免游人的注意，他们匆匆告别。

在随后的日子里，在严重的“白色恐怖”和无数革命前辈被屠杀的血海面前，聂耳立场坚定，经受了严峻的考验，他反复申请成为一名光荣的共青团员。

团委看到了他的信心，批准了聂耳的入团申请书。那是聂耳最激动、最昂扬的一天！他，成了一名光荣的中国共产主义青年团团员！

是的，在省师，他终于实现梦寐以求的愿望：找到先进的组织，找到追求革命真理的组织，把自己的青春投入到革命洪流中去。

我要出战去了！我实在要出战去了！
我的爱人呀！
这次的战争，完全是为我的你和我的国家。
假使我一败涂地了，
我哀怜地狂叫，也无效，
我的爱人呀！这是我国的幸福和你的福德。

聂耳在1928年翻译了《西班牙的武士》，借这首诗表达了自己迫切要上战场的决心和兴奋！

军队生活

1928年11月30日，聂耳在日记中这样写道：

火车仍是不住地拖着向前方，我看了路旁的树木一棵一棵地睡下去，又看看火车头的勇敢毫不惧怕地勇往前去，我的脑海充满新的希望。

这新的希望就是投靠“学生军”，追求新理想。

“学生军”指的是国民革命军第十六军，军长是云南峨山人范石生。范石生曾在云南陆军讲武堂学习，在那儿认识了同窗好友朱德，且在此后的革命生涯中多次帮助朱德。1929年，驻在湖南郴州的滇军国民革命军第十六军，为了补充新兵，以招收“学生军”为名到云南招兵。由于范石生反对蒋介石，并与红军有过联系，当时的进步青年和学生们一般都认为十六军是一支有革命倾向的部队，所以报考“学生军”的比较踊跃，几天之中就达到200多人。

聂耳认为十六军是一支滇军部队，大多数士兵都是云南子弟，在军中进行革命宣传鼓动工作有较好的条件，即使不成功也可以利用这次机会外出另谋出路。他把这个想法向团组织反映了。在中共地下组织领导同志的同意下，聂耳和当时的团小组长郭耀辰、党员胡受之两位同学一起报考了“学生军”。

那时由昆明去湖南还没有公路，要乘火车经过越南，再搭轮船到香港、广东再转湖南，行程需半月左右。经过考试和体格检查，聂耳被录取了。没有受到任何阻碍，他随新招的“学生军”出发到湖南去了。

那是聂耳第一次登上滇越铁路货车。在途中，他再次感受到了人间的不平等和下层劳苦群众的生存悲哀。

12月1日，他在日记中详细记录了目睹的一件悲惨的事情：

> 开到滇省的货车已开了，我们正在闲谈的时候，忽然跑来一个同行的，说那边辗着一个小女孩，被车轮把双腿辗断了。当我们听到这个消息马上起了好奇心，就跑到那边去看。可怜啊！从膝盖以下只见破碎的骨头和血肉，简直分别不出哪里是脚掌。看她的年龄只有十岁光景，看她也不知道疼痛，嘴里还叫着“你们哪个有刀或枪可以快些地把我杀死，我不愿这样受罪了”。据熟悉她的人说，她的父母是非常贫穷的，大概是自己耕着一小块田。在这阿迷过来的一个车站叫小龙潭，这里产的煤炭最多。碎的和搬运漏掉的，任何人都可以得取。这小女孩每天都借着这货车带到小龙潭，尽量地拾取煤炭，大概每天都有几毛钱的进益，然后又借它带回来，从来没有出过车费的。今天她照例地到小龙潭去拾碎煤，汽笛一响，她提着她的篮子跳在踏板上——因为她跳车的经验太多了，所以车子走得相当快的时候，她跳上跳下都很平常的，今天她跳了上去也不算一回什么事，但是你们知道她的足断并不是为着跳车。
>
> 火车走得也不远，从这货车的后一辆走来一个安南人，手

里拿着红旗来到她的面前，不说三不说四地把她推下车来，刚刚地推在两条来路拨车的交点，火车吭哧地从她脚上走过了。

“火车吭哧地从她脚上走过了”，却如同从聂耳的心上碾过一样，眼前的悲惨情景化为他内心的文学冲动，他一直想把小女孩足断的事实写成一篇很好的小说。写小说的愿望在聂耳短暂的生命里虽然没有实现，但人间的惨状却给予了他今后音乐创作的灵感。

火车站目睹的惨状尚不能平复，聂耳就开始堕入无尽的失望深渊中，到了部队，他写的日记充满了悲观和失望。

一月四日

我已知道我的事业，我的希望，都同冬日的积雪遇到日光消溶了；夏日的游丝，遇到罡风飘逝了。

一月六日

以前的一切希望，现在只是投入失望的海底。

一月七日

微弱的残照，清澈的月下，妩媚的花前，作苍凉的声音，唱那乱着的歌曲。远远的海水放出寒栗的光芒来，我寄我的深愁于流水，我将我的苦闷付于清光。

丝丝的细雨敲着窗子，密密的黑云罩着天空，澎湃的波涛震动着船身。海天辽阔，四顾苍茫，这是我们离海防第二天早上。

假如智慧之神不光顾我，苦闷的眼泪永远不会从我心里流出来啊！

一月三十一日

多雨的湖南，伴着我流泪；卑湿的湖南，伴着我忧郁。

异乡作客原是不堪忍耐的，况且又是在这种卑污下贱的生活里——录事——更是不可多日逗留的。

我时常总是这样想：看花的时光，故乡总比客地好看，比客地来得赏心。

在聂耳匆匆却永恒的岁月里，在湖南从军的时光是情绪最为低沉的时期，这是因为他在部队遇到了极大的失望。

到部队后已经是严寒的季节了，士兵们铺的和盖的都很单薄、饭菜也不够吃，有时不得不去厨房内抢食锅巴，抢慢一点就要饿肚子；每个人都面如土色，一看就知是营养不良。每天要出操，上正操或特别操，不管体质如何，全都要坚持参加。动作稍慢一点或者做得不合要求，就要受到教官的惩罚。在这种情况下，几乎每天都有逃营的新兵。如果被抓回来，不被打死，也要被打成残疾。

除此之外，每天还要搞“清共”，这时聂耳才明白了这个军队并不是他原来所想象的革命军队。原来招收“学生军”时所作的种种“革命”宣传，完全是虚伪的、骗人的。很明显，他们以招收“学生军”为名，实际上是要补充新兵，为他们卖命而已。如此“革命军”，除了做军阀的炮灰外，还有什么别的前途呢？他开始思索去留问题了。

一个卑湿污浊的荒岛上，
站立着一个初离母巢的孤雁！
他那细长的头颈，不住地转向后看，
看不见他可爱的故乡；
他那细长的头颈，又不住地伸向前望，
只望见他的前途茫茫。
渐放光明的东方，
突起一轮通红的太阳；
残暴怒吼的洪涛巨浪，
一阵阵地涌上他的身旁。
他知道这是他的穷途末路，

只好挣开了他那柔弱的翅膀，
预备着奔向他的自由之乡。
啊！自由之乡！

聂耳原来的理想破灭了，以前的一切希望，现在只是投入失望的海底。怎么办呢？他决心请人援助，摆脱新兵队，去上海投考公费学校。

他想找范石生军长亲自谈话，可是范军长早已下了命令，所有招来的新兵，都不许去会他。有什么办法呢？

过了不久，十六军军官团被编遣了，收容在第八路总部的军官学校里。聂耳认为这是一次绝好的机会，如果能随军官团进入军官学校，不仅可以摆脱现在的环境，还有发展的一线希望。他通过一些同

1929年，聂耳在广州与十六军军官团的友人合影

乡请求范石生接见他并和他谈话。经过种种手续，聂耳终于见到了范军长。谈过几次话后，范军长对他有了好感，接受了他的要求，同意保送他到黄埔军校去。

聂耳立即给家中寄去了一封信，信中附了一首短诗：“多雨的湘郴，伴着我流泪！潮湿的湘郴，伴着我忧郁！尤其是在这莫名其妙的环境中，更是不可多日逗留的！”是的，他的苦闷如潮湿的雨，绵绵无尽。不过，这不是情绪的终点，灰色现实没有让他绝望，他的热血仍然为梦想燃烧着、沸腾着：“你们不要以为我是消极，我并不消极的，我的英勇、我的热血，还是继续沸腾着，决意向着光明的前途走去。”

3月28日，聂耳随同十六军军官团的全体学员长途赴粤，经过6天的旅程到达繁华的广州市，住在军官学校里。因为这个军官学校的性质，完全是收容此次在职编遣的军官，聂耳虽然得到范石生的保送，但他本来就不是军官，没有这个资格，未被接纳，只能作为遣散处理，发给他75元的遣散费。4月9日由军官学校迁入旅馆。

就这样，聂耳的军队生活戛然而止。

但是，现在又到哪里去呢？他彷徨起来了。回昆明吧，一事无成，怎样见人？去上海吧，能不能考入公费学校，也无把握，不能做这样冒失的事。如在广州等着投考长途飞行家张惠良等的航空学校，要4个月以后才招生，依靠这点遣散费能维持几天呢？等不了。

绵绵的细雨，滴答，滴答，
凄凄的微风，嘻洒，嘻洒，
上课，吃饭，睡眠；睡眠，吃饭，上课……
这些机械的影画：
有时竟会一幅一幅地清晰地自我脑海里映过，
——当我在那波涛滚滚的浪海中，漂浮无定的时候，
空幻的理想，始终不能给我畅达，

恶劣的环境，总是不能被我战胜；
走吧！上海，留逗着几千个失业者的上海；
住吧！广州，向例排外的广州；
回头吧！故乡，可恨又可爱的故乡；
便是我最后决定的最后一途了！
…………
一切的一切，依然如旧，
啊！绵绵的细雨，依然滴答，滴答，
凄凄的微风，依然嘻洒，嘻洒。

聂耳，此时在日记中写下了题为《不敢谓之曰“诗”》的诗，表达了自己的彷徨和失望。

彷徨失望中，他发现报纸上有一个所谓广东戏剧研究所附设的艺术学校招考公费生。他认为这是一个难得的机会，不能错过，便立即到艺术学校访问了一位教务长，了解这个学校的性质和教学内容。经教务长的介绍，指出这所学校完全注重艺术理论，并鼓吹这个学校怎样怎样好；听了以后，聂耳感到这个学校很合他的志趣，立即报名，当场就进行了考试并被录取。按照学校的通知，第二天就应搬进学校去住了。他拿所得的遣散费买了些需要的东西，做长期住校的打算，住进了学校。

谁也没料到，聂耳头天才搬进去，第二天就迁出了学校。原来这个学校是一所改良粤剧机构，培养粤剧和京剧演员，只教授地方戏粤剧的乐器演奏课程，只有粤剧所使用的铜锣、大鼓、月琴和古筝的演奏；单调无聊得很，既没有高级的音乐理论，也没有远大的教育理想。

他后悔自己的轻率，没仔细调查就申请入学，既然学非所想，继续待下去也是枉然，因此他决定退学。梦想化为泡沫，眼前只剩下返回故乡这一条路了，但难题是：旅费怎么办？

在依然“嘻洒，嘻洒”凄凄的微风中，聂耳无奈地徘徊。

> 无情的暴雨哟！你那冰冷的雨滴，不禁地打到孤行中途的他，没有携带雨衣的他；同时又打到我忧郁的心里，惆怅不已的心里。你是不是阻碍我们前途的妖魔，是不是我们计划成败的先知？光明之神哟，请你施给我们一部分的恩惠，放给我们一线的曙光，巩固我们的意志，从黑暗的牢狱里，达到光明的彼岸。

在依然“嘻洒，嘻洒”凄凄的微风中，聂耳无奈地给母亲写了家信。在焦灼等待家里寄钱时，聂耳却偶然在广州的街上遇到了同乡的教员，幸运地借到了回乡的旅费。

1929年5月6日，离家大约半年后，聂耳又重新踏上了故土。

后来聂耳经常和周围的朋友说：“理想是直线，现实是曲线。”他在军队、广东戏剧学校的经历看上去似乎是一条直线的理想，但事实上道路曲折，与理想相去甚远。他说的这句话大概是从自己的经验中提取出来的警句吧。

回归与远离

聂耳的音乐之志和革命之梦暂时破灭，但这半年的阅历和体验都自有意义。在依然“嘻洒，嘻洒”凄凄的微风中，聂耳没有荒废时日，继续研读马克思主义的著作，对马克思主义的认识又上升到了一个新的层次。他在农历四月二十五日的日记中详细记录了学习心得：

> 唯物史观，经济条件绝对律：人类意志的决定，是绝对受经济条件之支配。马克思说，物质为历史的重心，唯物史观认为生产方法的变动为一切制度变动的标准。

阶级斗争：

马克思说，阶级斗争是社会进化的原因。

要有阶级斗争，社会有进化，阶级斗争是社会进化的原动力。

剩余价值：

马克思说，资本家所得的利益，是剥夺劳动者的过剩劳动产生的剩余价值。

马克思说，资本集中是资本主义自己造坟墓。

而聂耳，即将成为“掘墓人”的音乐表达者。

他去了，他为实现我们的前途计划而去了。

他是陪着我漂泊的伴侣，可靠的伴侣。

她来了，它备着尖锐的利器，虎凶扑扑地来了。

它是能使我心酸的暴雨，无情的暴雨。

在心酸无情的暴雨中，聂耳先回到了故乡云南。就在他返昆后的第三天晚上，同院住的张庚侯兄妹、房东的女儿和几个年轻的好友，连家里的人共十来个，在屋里举行了一个小型的欢迎晚会。晚会上，聂耳讲述了他到湖南当兵的经过。

他简要地叙述了从昆明到湖南沿途看到的风光以及谈到国民革命军士兵受到的黑暗专制和他的亲身经历，也谈到目睹法帝国主义分子在滇越铁路上横行霸道的罪行，说明反帝救国的重要性；其中特别谈到小龙潭拾碎煤的女孩被推下货车碾断双腿的惨剧，以及后来他在广州所处的困境。讲述时，聂耳心情激动，特别是提到拾碎煤女孩的悲惨遭遇，更是悲愤难抑，落下眼泪。听的人也都满腔怒火。

这次聂耳由昆明去湖南，亲眼看到沿途劳动群众在国民党反动统治下的悲惨情景，看到帝国主义在我国神圣领土上横行霸道的罪行，看到所谓的“国民革命军”残酷压迫剥削士兵的黑暗统治以及富人住“天堂”、穷人在“地狱”的各种社会现象。这些都引起了他的深思，痛切地感到革命的必要。他决心要为革命事业献出自己的毕生精力。

聂耳回到昆明以后，决定到省立师范原班继续攻读下去。这时已开始进入第五个学期，再读一年就毕业了。这一年，聂耳除了认真攻读学校的功课外，还阅读了不少进步书刊，他在日记和笔记里关注着马克思的生平和主要理论。

在5月1日的日记中，他写道“大雨，大风，谈一点革命”，在5月2日的日记中，他记录了向同学借阅的书目：

聂耳与他的好友、共青团小组长邓象涟合影

叶：新俄学生日记　新思潮三册我的幼年文学周报
胡：社会科学概论　辩证法入门　辩证法的唯物论
郭：唯物的社会学

现在，他开始如饥似渴地学习马克思主义，探索革命真理。当时，在国民党的反动统治下，一切进步书刊的出版都受到种种限制。马克思主义和有关论述不仅不许印发传播，而且如果发现有谁阅读，就要以“共产党分子”的罪名判罪：轻则坐牢，重则杀头。因此，印发和阅读马克思主义的经典著作和进步书刊都是在绝对秘密的条件下进行的。聂耳用教科书的封面粘贴在进步书刊的外面作为掩护，经常带在身边，只要一回家便阅读。

但他并不仅仅满足于从书本上得到的知识，他认为干革命不应该只是停在纸上、嘴上，必须落实到行动上。他主张通过戏剧和音乐的形式，进行反帝反封建的革命宣传，这对发动群众、宣传群众、组织群众和与反动派进行斗争，是一种有效的方法。因此，他积极地参加学校里进步组织举办的游艺晚会，演出各种节目。此外，有的学校或团体为了支援各地罢工的工人，或者为了支援赈灾筹款、募集经费等，也会举办游艺会。聂耳不仅在省师本校参加演出，也积极地参加校外的演出活动。

1930年春节刚过了不几天，省师学生会组织了一次去玉溪的演出活动，聂耳是文艺活动的骨干，当然要参加。这是他最后一次回玉溪。他们公演的话剧《春闺怨》，是根据元代著名剧作家关汉卿的《拜月亭》改编而成，剧中讲述的故事与云南当时的社会现状接近：一位勇敢的女性，在异族统治的黑暗年代，勇于与腐败凶恶的官吏作斗争。聂耳扮演话剧的女主角，演出时，聂耳为使观众看得懂，就讲玉溪话，他学得很像。

我本是名家的女儿，生性儿却有点古怪，有福儿不享也不爱，偏偏跑上革命的浪头来。

跑上革命的浪头来，到今日不幸失败了归来。我不投降我也不悲哀，我只想变一个巨弹儿将人类炸坏。

这段文字，是聂耳反复阅读了左联作家蒋光慈的小说《冲出云围的月亮》写下的读后感，但他采用了戏文的笔调，读完我们可以感受到聂耳久久沉浸于《春闺怨》中。演出好评如潮，取得了巨大的成功。

消息传到了昆明，引起了政府当局的注意。他们认为，省师学生会的背后有共产党的支持，学生会的骨干聂耳成为他们的眼中钉。聂耳从玉溪回来后，省师一个名叫马匡国的反动学生就在暗中监视着他。因为聂耳的机智和善于应付，没被抓住什么把柄。

但危险在一步一步地逼近。

“昨晚拿人啊！”

“什么？”

“拿人啊！就是在开灯的那个时候，老S，老C，老L，就是他们三个。”

“什么人来拿的？他们为了什么？”

“武装宪兵。大概是‘红帽子’吧！”

武装宪兵是国民党宪兵司令部的人，“红帽子”是他们对共产党和进步人士的别称。4月24日晚，武装宪兵冲入学生宿舍，带走了聂耳隔壁的三位同学。

聂耳感到危机迫在眉睫。

时间说来也快，白昼渐渐消逝，黑夜很快地到来。

三哥从外面回来了，他是负着调查真实消息的使命而去的。当他跨入房里，一面把草帽脱了，顺便就倒在床上的时候，我们都感到一种说不出的惶恐。“李君对我说，这是千真万确的，本来昨晚就要……了！只因人家有事！……”

听了这一番话以后，这间小房子里都被恐慌的空气包围住了，一家人一时惊惶失措起来，好像有一种什么大不了的危机也将到来似的。这时你一句我一句地在想什么办法，什么办法，终于找不到一个现实可以做得的。

时辰是这样飞跑地闪过，各人的情绪更一步一步地紧张起来，那种料想着的恐慌也逼着我们不得不想出一个救急的办法来——便是今晚怎样解决？不几分钟，终于想出来了！

不错，便是这样做，时间已经不早了！

时间确实不早了，再不走就来不及了！当时，昆明的“白色恐怖”越来越严重，尤其是省师的学生成为他们重点打击抓捕的对象。原来，聂耳被一个姓饶的叛徒告了密，说他是共青团员。国民党地方政府决定要逮捕他，已开了一个“黑名单”。同时还要逮捕另外一些人。

聂耳的三哥聂叙伦在殖边银行的同事李同文的父亲是昆明地方法院的院长，参与了这个密谋。当李同文的父亲把这张“黑名单”带回家放在办公桌上时，被李同文偶然发现了，“黑名单”上的第二个名字就是聂耳。

“你弟弟不能让他们抓去，要赶快躲开！现在他们正在部署安排中，估计在最近几天之内就要动手了！千万不要让你弟弟回学校去，夜间更不能在学校里住宿！”李同文匆匆忙忙地找到聂叙伦，关切地说。

情况危急，聂耳不能被他们抓走；他即将开启波澜壮阔的音乐人生，他将用他的小提琴奏响时代的最强音，鼓舞无数的青年学生走上革命之路。

> 承继着黄昏的消失的夜幕，很快地笼罩了宇宙。我的心有时会像被一把尖锐的锥子猛地刺而恶痛；有时又像被一种不可避免的恐怖所包围而颤动，当我懒洋洋地躺在逍遥椅上正想着“他为什么要回去”的时候。
>
> 月牙穿过薄云，疏星放着微弱的光，院里的蚊虫绕着我的耳朵嗡嗡地叫着。我听不见别人的谈话，我只静默着，追思过去，幻想将来。

对于将来，他的二姐提议，让聂耳立即离开昆明到玉溪去教书。但去玉溪，仍然是在国民党政府的魔爪之下，同样会被抓，这又有什么用处呢？大家都不赞成。

只有到省外或上海去，才比较安全。但这笔旅费又到哪里筹措呢？就算旅费解决了，今后在那个地方的生活又怎么办呢？学校不能再去了，经过商量，聂耳决定先到亲戚家去暂时躲避一下，等到外出的问题有个妥当的安排以后，再离开昆明。

聂叙伦正在“云南远东皮毛公司”日本大阪分号工作，回昆明是来汇报业务的，不能久留。他想来想去，想出了一个办法，就是他留在家里，让聂耳到日本去代替他的工作。

于是，聂叙伦立即去找公司的负责人商量，没想到却发生了意外。

原来，由于日本本土皮草价格一落千丈，公司损失惨重，决定结束业务。这样一来，聂耳去日本的计划也就破灭了。

天无绝人之路。正当聂耳一筹莫展之际，聂叙伦所在公司的负责人又打算筹组一个商号（主要经营纸烟生意，从上海批发“联珠”牌香烟到昆明销售），并准备在上海设立一个分号，想约聂叙伦去分号任会计工作。聂叙伦急忙推荐聂耳代替他，经过面试，聂耳顺利地被公司录用了。“云丰申庄”成为聂耳在上海的落脚地。但是，在离开昆明以前，还得十分警惕，聂耳夜晚几乎都是轮换在亲友家住宿。

离别的日子终于到了。1930年7月9日，聂耳的母亲准备了一桌家乡菜，为聂耳送行。平素家里从来不喝酒，那天母亲却破例买来了一瓶。“我斟一杯酒洒下尘埃，洒下尘埃，为你们唱一曲追悼的歌儿。”聂耳在亲戚家躲藏的时候，反复阅读了《冲出云围的月亮》，里面写下了这样一句读后感。一语成谶，聂耳的家人并不知道，这是他们见聂耳的最后一面，聂耳，即将如同一轮冲出云围的月亮，越冲越远。

平素热闹的饭桌那天晚上非常沉寂，屋外下了一天的雨，屋内大家默默地夹菜；“儿行千里母担忧”，最落寞的是彭寂宽。

为了打破沉重的气氛，聂耳提议大家干杯。干了一杯后，聂耳又提议大家行酒令，原来的沉闷空气一扫而光，小小的屋子里一下子充满了欢乐。

屋外的雨越下越大。“大雨，大风，谈一点革命。”据聂叙伦回忆，在送别晚宴上，在聆听了母亲的临别赠言后，聂耳禁不住流下了眼泪，对母亲说了这样一段话：

> 妈妈！我曾经答应过您，我不再离开您，不再离开可爱的家乡。
>
> 可是，现在形势这样恶劣，我们一起并肩战斗的许多伙伴，有的被捕了，有的被反动政府杀害了，我永远忘不了洒在故乡土地上烈士的鲜血，现在正需要我们加紧对敌人进行斗争，我怎能躲避这个考验而离开他们呢？
>
> 但在叛徒的告密之下，我们的活动暴露了。为了防备敌人的搜捕，只有暂时离开这里，这也是万不得已，主要是为了保持斗争的力量。
>
> 妈妈！尽管路途险阻，关山重重，我有决心去克服，坚定地

走向自己选择的人生道路。您放心好了！妈妈！您对我的养育之恩，我是终生难忘的。我一定要遵照您老人家的教导，好好做人，决不辜负您对我的希望！

彭寂宽看着自己羽翼渐丰的小儿子，万般难舍、千种牵挂、百种担忧、多种情感积结心头，不知怎么回事，恍惚间仿佛又回到了儿子小时候那些陪睡前说唱玉溪花灯的时刻；那时儿子的小脸蛋粉粉的，微眯着眼睛津津有味地听着自己哼唱，要是他能永远那么小、那么乖地陪在自己身边该多好啊！她的眼睛瞬间模糊了，情不自禁哼唱起《安安送米》来，这些曲调她已经很久没有哼唱过了。“安安哪……”

聂耳听着母亲的哼唱，在母亲怀抱成长的岁月，一幕幕、一幕幕，像放电影一样出现在他面前。母爱深似海！聂耳满含热泪，取出小提琴，动情地为母亲奏起了《苏武牧羊》《昭君和番》《满江红》……现在他只有用音乐如此回报母亲，才能获得心灵的平静。

聂耳最后演奏了舒曼晚年创作的《梦幻曲》，如梦似幻的音乐叙述童年美丽的幻梦，抒发理想世界的温暖、深远与甜蜜。在诗歌般层层递进但又有些微妙变化的律动感中，在场的人都抑制不住自己的伤感，流下泪来。聂耳的泪珠，也一滴一滴地滴到小提琴上。为了躲避危险，当晚，聂耳继续到朋友家寄宿。

第二天清晨，天还没有亮，聂耳就匆匆返回家里，含着热泪与家人道别。沿着一年半前参军的路线，聂耳继续远行，这一次，是到达比湖南更遥远的地方——上海。正如《梦幻曲》所表达的对爱情、对幻想的追求与希冀，此时的聂耳，在匆匆逃离中怀着对大都会的无限憧憬与对音乐事业的雄心壮志，但他却完全不知道自己再也无法踏上返乡之路。

忆家乡五回玉溪

玉溪是聂耳的祖籍地，昆明是聂耳出生和成长的地方，聂耳在昆明生活了18年（从出生到18岁去上海前），其间曾5次回玉溪。玉溪和昆明承载着他无尽的乡愁。乡愁，是中国人对故土山水人文的悠长眷恋与浓厚情思。无论是在上海、北平，还是在日本，乡土情结始终流淌于聂耳的音乐作品之中。在写给母亲、兄长等人的信件与所记的日记里，昆明的风景、玉溪的花灯始终是抚慰聂耳这一游子惆怅乡愁的一副良方。聂耳最终魂归昆明，其浓厚的家乡情怀至今令人动容。

音乐记忆

聂耳要去上海了，虽然他再也无法踏上返乡之路，但聂耳对家乡的情怀却一直萦绕心间，久久不能散去。在去上海的路上，18年来在家乡的难忘生活场景一一浮现心头，泪水逐渐打湿了他的眼眶。

聂耳从小是在云南音乐的丰厚滋养中成长起来的，彭寂宽夜晚做针线时，常给孩子们唱些民间小调。因为她从小就喜欢音乐，而且天资聪颖，彭寂宽在上学读书的哥哥们的帮助下阅读了《百家姓》《医学三字经》《增广贤文》等汉学启蒙读物，并接触到当时峨山盛行的汉族民间曲艺“圣谕”“唱书”的音乐曲调。

彭寂宽不但会唱花灯、小调，而且天生一副好嗓子，哼唱起来声音婉转动听，像百灵鸟一样；而且她还会吹葫芦笙，确实是一名乐器高手，可以说是当时玉溪音乐的杰出传承者。“唱书”又名“善书”，形式自由多样，既有说也有唱，唱调可以是“随口调”也可唱花灯调、扬琴调、民间小曲、山歌甚至滇戏腔调。

这些形形色色的调子从彭寂宽婉转动听的歌声中飘扬出来，聂耳受着云南音乐的熏陶，这在他心里播下了正直、勤劳、好学的种子，也成了他内心深处最深刻的音乐记忆。据聂耳的侄女聂丽芳回忆，有一回聂耳拿着一支笔还是什么棍子在点画，还对彭寂宽撒娇说：“妈妈，你再给我们讲个故事，我要把你讲的故事编成歌。”“那你会编什么歌呢？”彭寂宽问道。聂耳嘻嘻地笑了，只在纸上写了些哆、来、咪、发、唆，一番点画确是真的把开头给编出来了。聂母又问：“你写些1、2、3、4、5是要整哪样？”母子俩一来一往，情往似赠，兴来如答，聂耳对音乐的敏感与灵气就慢慢地在母亲润物细无声的教育中被培养起来了。

彭寂宽把讲故事和唱歌作为教育子女的一种方法，云南音乐成了她寄托精神、抒发情感的载体。她总是一边看着木刻版的故事书，一边以一种娓娓动听的曲调边唱边讲，时不时还要做一点家务活。彭寂宽的故事都是用七字或者十字组成的韵文，讲起来很顺口，又通俗易懂。她用花灯调“全十字”的谱子唱讲十字韵句，用一种近似洋琴调的曲子来唱讲七字韵句，调子从她的口中发出来非常悦耳动听。

聂耳的音乐记忆还有前文提到的昆明端仕街木器店里的邱木匠，他们是邻居，聂耳经常去向邱师傅学习吹笛的技巧，这段学笛经历，是聂耳真正学习中国民族丝竹音乐的第一声。在邱师傅的指导下，聂耳灵活的手指伴随着优美的音调在跳跃，寒来暑往，聂耳的音乐素养得到了很大提升。

著名的纳西族画家周霖也教过聂耳画画和拉小提琴，他们一起研习音乐特别是丽江古乐、洞经调、滇剧唱腔等，这对聂耳影响很大，据说他们还在一起合写过几首“抒情曲”。[①]聂耳在昆明还曾和张庚侯一起随柏西文学习钢琴和小提琴，可以说，昆明是孕育聂耳音乐成长的热土。

这片热土留下了聂耳关于云南音乐记忆的很多趣事。聂耳10岁那年和哥哥们用攒下来的“压岁钱”买来了竹笛、二胡，又借了一把月琴，组成了一个家庭小乐队，兄弟姊妹们就经常在家里练习演奏一些民间乐曲、花灯曲调、滇戏曲牌和校园歌曲。家庭音乐会的传统此后在聂家一直保持着，直到1930年7月10日聂耳被迫离开昆明前的那个晚上。

彭寂宽常说：“劳累了一天，坐下来听听音乐，可以消除疲劳，快慰身心。”这是聂家的音乐会传统，有时彭寂宽还主动要聂耳兄弟们合奏给她听，说音乐才是最好的休闲，这对聂耳后来致力于音乐事业起着很大的鼓舞作用。

聂家的家庭音乐会不仅常在家中举办，昆明的名胜古迹众多，聂耳还常常将其搬到外面。西山、滇池常是聂耳与亲朋好友的天然音乐演奏场所，他经常和亦师亦友的张庚侯等人到西山远足、滇池泛舟，而且经常一住三五天；聂耳每次去都要拿着小提琴等乐器去那里演奏，放声歌唱，昆明西山的美人峰和五百里滇池因此留下了无数聂耳练琴的身影。

除了西山、滇池的山水风光，翠湖的旖旎景色更是催发了他的音乐灵感，聂耳常在翠湖湖心亭、金鱼岛听人演奏民乐，兴之所至的时候他还会与爱好音乐的小伙伴们在湖边奏上几曲。此外，大观楼的万千气象、草海庾庄的曲径通幽、圆通山的如画风光、金殿的历史底蕴以及黑龙潭、海源寺、筇竹寺、昙华寺的人文胜迹，也都留下了聂耳的音乐足迹。昆明城周边的安宁温泉、呈贡果子园、晋宁盘龙寺也是聂耳与好友们的音乐乐园。当他在外的时候时常会回忆起这些温馨的场景，昆明的优美风物与云南的魅力音乐始终是聂耳心灵深处最深情的记忆。

---

① 昆明市文史研究馆编：《聂耳——从昆明走向世界》，人民出版社2019年版，第131页。

在这深情的记忆中，翠湖是无论如何也绕不过去的一环。现在的翠湖仍旧是昆明城的地标，聂耳的《翠湖春晓》依旧是这座城市最动人的音符之一。“翠湖春晓”原是昆华八景之一，聂耳以此为创作素材，抒发了他的爱乡思乡之情，歌颂了家乡的美丽风貌。此曲创作于聂耳在上海乡愁最浓的时候，也是聂耳关于民间曲调方面的代表作。此曲格调高雅，而乐音平易近人，乐曲由慢而快中又尽显跌宕起伏之趣，惟妙惟肖地再现了翠湖九龙池晨曦初露的祥和、晴空丽日的美妙、天人合一的宁静和风情万种的诗情画意。

从音乐渊源来看，《翠湖春晓》以昆明洞经调“宏仁卦”为素材创作，这个“宏仁卦”就是昆明洞经调中的《老卦腔》，这是聂耳在昆明、上海两地的时空转化中结出的一朵璀璨之花。[1]在聂耳生活的时代，翠湖是昆明演奏洞经调的中心之一。昆明的洞经调已有400多年历史，是中国传统音乐文化中儒家音乐、文人礼乐的延续与发展，明代末期从滇西大理一带传入。从清代到民国初期，昆明城区就有10多个洞经调会。洞经的经文都有曲谱，用音乐形式唱出来，曲谱很多。

另外，翠湖的元宵灯会洞经调演奏不仅仅限于昆明的会班，当时云南的实际统治者唐继尧还特意从蒙自、通海、河西、玉溪等地调来洞经调班在翠湖灯会期间轮流演奏。在这些盛况中，聂耳的音乐天赋再次被激发。聂耳在私立求实小学高级部时曾登台表演过话剧与双簧，并指挥过“儿童乐队”的演奏。这些成绩的取得与他的生活环境密不可分，翠湖因此也成了聂耳离开云南后魂牵梦萦的地方之一。

那一汪明媚秀丽的翠湖水，伴着虫鸣鸟唱、风和日丽，时常在离乡后的聂耳心中泛起涟漪，翠湖的声音还成了他口技表演的最好题材。张庚侯对此说：

> 少年时代的聂耳便显出极高的音乐天赋，不论见了什么乐器，只要一学便会。每当听见一种声音，不论是街上叫卖东西的

① 王志雄、郭凌主编：《亲人心中的聂耳》，中国民族摄影艺术出版社 2008 年版，第 65—66 页。

声音，或是牛车马驮过路发出的声音，以至鸟雀叫、风雨声，每一种声音都能用符号记下来，哼给我们听，还说："你听，像不像？"他特别喜欢吹树叶子，并且吹得很好。他还喜欢收集民间歌曲，各地的山歌、秧歌对唱、花灯曲、洞经调记住不少，时常用树叶子吹给我们听。①

聂耳被精美优雅的洞经调深深迷住了，并希望能更深入地学习它们。在聂耳的多次恳求下，母亲想方设法托人把他送进了昆明有名的洞经演奏团体"宏文学"。他在"宏文学"中学过笛子、二胡、小三弦，也学习洞经演奏，真正走上了音乐发展的道路。据聂耳的二哥聂守诚回忆：

我与三弟聂叙伦、老四聂耳，都在"宏文学"学过洞经音乐，是我母亲求端仕街老家的一个邻居介绍进去的，这家人姓董，是前清秀才，那时，聂耳还在上小学，大概10岁，最初参加学习是在钱局街三皇庙。②

对音乐的痴迷使聂耳在学习上总是勤奋向前，除了去"宏文学"学艺，聂耳还常到茶馆欣赏滇戏、到郊区农村观看地方歌舞戏剧，并积极向大众虚心学习。据聂耳三哥聂叙伦回忆，滇戏是聂耳喜爱的一种地方戏；当时的昆明有两家滇戏院，一家是"群舞台"，一家是"云仙茶园"，聂耳对当时的名演员栗成之演唱的《空城计》、王树萱表演的闹剧《裁缝偷布》以及李少兰主演的《黛玉葬花》等戏都非常喜爱。

"我正在城楼观山景，耳听得城外乱纷纷。旌旗招展空翻影，却原来是司马发来的兵。"《空城计》唱腔的历史厚重感深深影响着聂

① 昆明市文史研究馆编：《聂耳——从昆明走向世界》，人民出版社2019年版，第74页。
② 昆明市文史研究馆编：《聂耳——从昆明走向世界》，人民出版社2019年版，第157页。

耳。《裁缝偷布》情节夸张、嬉闹诙谐，时常让聂耳忍俊不禁。《黛玉葬花》是一出带有浓重文人情调的戏，聂耳也听得津津有味。对于有特色的音乐，他从来是兼收并蓄。早时，聂耳听滇戏就把伴奏曲谱，不管是西皮、二簧还是丝弦，都用简谱记录下来。后来，他也学着自拉自唱许多唱段。这些经历为聂耳创作《翠湖春晓》打下了深厚基础。

除了《翠湖春晓》这部名作，聂耳还根据民间乐曲改编并演奏录制了《金蛇狂舞》《山国情侣》等一批民族器乐曲。《金蛇狂舞》是聂耳整理改编自民间乐曲《倒八板》，乐曲旋律昂扬、热情洋溢，锣鼓铿锵有力，很适合用于烘托节日的欢腾气氛。此曲的创作很大程度上是聂耳长期看云南灯戏的结果，《山国情侣》更能有力地说明这一点。

也许是童年时某些动人情景使他难以忘怀，或是对故乡亲人的深切思念；聂耳将玉溪花灯曲调《忆娥郎》和与此曲调近似的绥远民歌《大红公鸡》改编组合在一起，以A、B、A三段体曲式结构（尾部有两小节补充终止），写成了器乐曲《山国情侣》，算是遥献故乡玉溪和母亲的深情之礼。后来百代公司把这首乐曲录成唱片，此唱片现已作为文物保管。①聂耳就是如此擅采众家之长，又能吸取民间音乐的精华为己所用，不断充实和丰富着自己的音乐知识，为民族器乐事业的发展作出了巨大贡献。

家乡云南的音乐记忆滋养着聂耳在上海的音乐创作，家乡的音乐与风景养育着聂耳的音乐才华，这也成为他日后思念家乡最为柔情的部分。今天的昆明与玉溪保留着聂耳的诸多足迹，我们今天在昆明、玉溪的诸多风景名胜中，似乎还可遥想当年那一群热血青年引吭高歌的生动场景。云南的音乐哺育了聂耳的成长，云南的风景陶冶过聂耳的情操，这里是他念兹在兹的心灵港湾。这个港湾，除了他生活的家乡昆明以外，还有他的故乡玉溪。对于这两座城市，聂耳都同样满怀着赤子深情。

---

① 王志雄、郭凌主编：《亲人心中的聂耳》，中国民族摄影艺术出版社2008年版，第176—177页。

五回玉溪

玉溪是聂耳的故乡。在今天的玉溪，我们随时随处都可感受到聂耳的存在，聂耳故居、聂耳文化广场、聂耳大剧院、聂耳图书馆、聂耳纪念馆、聂耳演艺厅、聂耳公园、玉溪高地公园、聂耳铜像、聂耳小学、聂耳路、紫艺路等，还有云南聂耳音乐基金会等研究团体、聂耳音乐合唱周等丰富多彩的活动、聂耳纪念日的设定等，聂耳高大挺拔的形象遍布这座城市的每个角落。

玉溪市红塔区北门街3号是聂耳的祖遗故居，是聂耳父亲和母亲在玉溪的住所。根据现有的一些资料，聂耳幼年时代曾在玉溪生活过数年，据聂耳家族的后辈聂春兴（聂士秀之子，1937年出生）讲："听我父亲常说，他小时候跟聂耳、孙华等经常在一起玩，有时还一起约着到城外去玩。我奶奶也说，聂耳小时候嘴很甜，爱干净，经常到我家玩，戴一块白手巾（手帕），一进门就喊人（尊呼长辈）。"从《聂耳日记》的还乡部分可以看出，他在玉溪有很多亲密的小伙伴，对玉溪老家的地理环境、亲眷邻里都很熟悉，如果幼年时不在玉溪生活过较长一段时间，是绝不可能的。①

除了幼年有可能在玉溪生活的那段时间外，聂耳还在1921年（聂耳9岁时）、1927年农历六月二十二日（7月20日）至七月初十（8月7日）、1928年2月、1928年暑假以及1930年寒假五次从昆明回到故乡玉溪。②对玉溪的家乡情怀与精神依恋始终扎根于聂耳的心灵深处。

1921年聂耳初小毕业，母亲彭寂宽生了一场重病，差点死去，最后是聂耳父亲生前好友一位姓郭的医生用一味叫作"喳玛莲"的中药给治好的。在彭寂宽身体逐渐康复时，住在峨山的父母捎口信让她

① 冯光钰主编：《聂耳音乐研究文集》，中国文联出版社2006年版，第84页。

② 曾庆延：《聂耳几度故乡行》，载冯光钰主编《聂耳音乐研究文集》，中国文联出版社2006年版，第220—223页。

带着孩子回乡休养一段时间。聂耳此时刚从小学毕业，也是为了让聂耳在小县城能温习功课，暂时回避省城里一台接一台的演戏和吹拉弹唱，彭寂宽于是利用聂耳入学前的假期，带着聂耳和他的二哥、三哥一起回到玉溪峨山县城探望外公外婆。聂耳一路又是唱，又是跳，还随口编唱了一首“回外公家”的歌曲，表达了他思慕亲人的心情。①

聂耳生活的年代，滇池是从昆明到滇南必经的水路。聂耳回玉溪每次都是从昆明的篆塘码头出发，经大观河坐船入滇池，抵昆阳后再走百里山路回故乡玉溪。20世纪20年代，昆明的交通还极为不便，昆明人去西山游玩要乘船渡滇池，南下到玉溪也要乘船过滇池。

聂耳的外公彭寿山原籍为玉溪元江县人，是该县澧江镇凤凰社区西门村的花腰傣，今天在元江县也找到了他的老家。②彭寿山的父母死后，他在16岁前后跟着马帮孤身来到峨山谋生，在姓陈的地主家放马，因他勤奋耐劳、为人老实，得到主人赏识，就把一个名为“养女”实而“丫头”的姑娘梁氏许配给他为妻。婚后不久，夫妻俩就离开陈家，以做白酒买卖摆小摊维持生计，住在峨山县城中街坊朱家巷（又叫大塘子边），现为峨山县城文星街29号。他们先后生育了四个男孩和一个女孩。③

不过此时的聂耳对外公的这一切还一无所知，这是聂耳初次回故乡。母子四人从昆明篆塘乘大木船出发，在船里过了一夜，途经碧波万顷的五百里滇池，第二天清早才抵达昆阳县；再由昆阳转玉溪，翻山越岭，一行人走在羊肠小道上前后用了四天时间，走了大概一百多华里山路。

母亲因为大病初愈，不得已乘着一架滑竿，兄弟三人就跟在后面走。四人经过地势十分险要据说还有盗匪出没的“刺桐关”时，遇到了一群魁梧大汉，大家心里都在犯嘀咕，默念着千万不要打劫他们，只有聂耳神色自若，完全像没事人一样。聂耳看到大家有点紧张，就

① 聂叙伦编著：《少年时代的聂耳》，新蕾出版社 1981 年版，第 39 页。
② 崎松主编：《国魂颂——纪念聂耳散文集》，云南民族出版社 2008 年版，第 297—303 页。
③ 聂叙伦编著：《少年时代的聂耳》，新蕾出版社 1981 年版，第 6—7 页。

从路旁一棵树上顺手摘下一片树叶吹奏起来，吹的是昆明街头卖笛子小贩吹的“玉儿郎”调，用来壮大家的胆。

也许真的是因为聂耳他们太穷了，大汉们看着没什么可抢的，四人得以平安走出树林。到玉溪后，四人当晚歇在一个小镇的旅舍里，第二天又继续出发。聂耳的外公外婆家住在城镇附近的一个村寨里，这是少数民族和汉族杂居的地方，傣族比较多；他们的服装和昆明的不一样，讲话的口音也不同。在外公外婆家，聂耳第一次吃到了外公亲手做的最甜最香的糯米甜白酒，也第一次知道外公是“摆夷”（傣族）。因为那时对少数民族是十分歧视的，母亲要聂耳兄弟严守秘密，不许对任何人讲。母亲不是汉族而是少数民族，这对后来聂耳精神世界的形成产生了巨大影响。

聂耳这次在外公家见到了很多同龄人过着比自己更加艰难的生活，很多傣族和彝族的孩子穿着破破烂烂的衣服，有的甚至连裤子都没有；他对百姓的疾苦、生活的艰辛，有了最初也是最深的记忆，对“贫困”的理解也更加深入。他看到民族的危难、劳动者的艰辛，看清了各阶级的本质和人民的出路。聂耳毕生对穷人，对受压迫、受歧视的社会弱者都怀着深切的同情，而对造成这些不平等现象的恶人却从心底里感到一种强烈的愤恨，这种感情的产生不能不说是来源于他自己特殊的出身。

聂耳这次在峨山和二哥、三哥常去爬山，有一次聂耳和三哥去爬山，从一座破庙走出来的时候碰到了一条大蛇，兄弟俩吓得赶紧跑；跑了一阵才回头看，只见那条大蛇横穿过山路又钻进草丛中去了，兄弟俩虚惊一场，这次经历可谓是峨山生活的一段小插曲。在峨山住了几天后，母子四人准备回玉溪县城，外公外婆含着热泪把他们送了很长一段路才回去。到老家玉溪后，在已经结婚的大姐聂兰茹家住了几天，聂耳便和母亲、哥哥回到昆明上学。

聂耳在玉溪经常记录小商小贩们的各种叫卖腔调，他们叫卖都是歌唱般地说话。叫卖者是为了用声音招徕顾客，还是为了用声音抒发心中的欢悦或愁闷，聂耳常沉思。炒饵块的厨师会用锅铲在炒勺上敲出小镗锣点子，卖鱼郎也像敲小鼓般打击鱼桶，聂耳对这一切充满着好奇。难怪人们把玉溪县称作花灯之乡，聂耳欣喜地想，这里的乡民真的是生活在旋律与节奏中呢。

聂耳这次在峨山外公外婆家时间虽然短暂，但印象却是很深刻的。外公外婆对聂耳三兄弟都非常关心，特别是外公的慈祥宽厚，更令聂耳终身难忘。在老家玉溪，他们所碰到的街邻和亲戚又是那么朴实诚恳。据聂耳三哥说，聂耳三兄弟都很喜欢老家玉溪这个地方，热爱这里的人。

1927年农历六月二十二日至七月初十，聂耳初中毕业，第二次陪同母亲回玉溪探亲，这次回乡还是住在聂耳的大姐家。聂耳此次回故乡亦是想回老家寻找职业，而且利用假期复习功课，备考高中。这一次聂耳在北门街3号居住了十多天，平时就是复习功课，晚上抽空到茶馆听听民间艺人唱花灯。聂耳这段时期写了19篇日记，记下了他在老家时的所见、所闻。这些日记主要有两方面的重要内容：

（1）在老家玉溪的见闻：“军阀混战，百姓遭殃”。

（2）在老家玉溪的思考：“我要读书，目标省师”。

1927年，云南蒙自、昆明、昭通、大理四大镇守使胡若愚、龙云、张汝骥、李选廷联合发动“二六”政变，推翻了唐继尧对云南14年的统治。之后，龙云、胡若愚又展开了争夺统治权的斗争，新军阀的混战长达3年之久，兵连祸结，筹款摊派，百姓深受惊扰，苦不堪言。聂耳在6月23日的日记中说道：“晨，天将明，昨日所去之军队夜赶到新街，恶拍店门，大呼找伕子做饭吃之。龙云之军队昨夜自安宁赴昆阳围城，于是速备滑竿，未食未洗面即起程。……”七月初九日：“早饭后至大姐处，闻昨夜军队向各家筹款，大姐家筹一百二十五元。……回家后舅父与外祖父等皆不准走。消夜后寝。”

聂耳对当时新军阀混战、社会动荡、百姓惊扰的现实极为不满和愤慨，而自己迫切需要解决的问题是读书还是干什么。15岁的聂耳就以较为成熟的思考表现出他独立有担当的男子汉精神。聂耳已经从一个“阳光少年”，长成了一个独立思考、思虑周密、敢于担当的男子汉。

1928年2月，为了收集学习玉溪的音乐素材，聂耳第三次回到玉溪，吃住仍然是在大姐家。此时滇池已有了轮渡航线，聂耳随母亲回玉溪老家，就改乘蒸汽轮船了，从昆明到昆阳只要半天就可到达。聂耳在日记里记录了这次回老家的历程：

> 晨五时起床，早饭后即与母亲、二哥、三哥出行，南正街遇黄包车，遂雇两架至大观楼。登轮后远见二哥、三哥在水边挥帽。后轮船开驶至观音山忽起大风，大浪入船。午后二时半始抵昆阳，至日落后始投宿新街天顺栈。

此次在玉溪，聂耳广泛接触、收集玉溪花灯曲调和民族民间音乐，向民间艺人学习山歌小调，学习玉溪艺人的胡琴演奏法，并写下两篇日记，以上日记是其中之一。

云南花灯是一个历史比较悠久的地方剧种，经过广大劳动人民一代一代的丰富和提炼，具有短小活泼、简洁明快、唱腔说辞通俗易懂、演唱时不受场地限制的特点，深受群众的欢迎。特别是在农村里，更为农民所喜爱。玉溪是云南花灯的发源地，在玉溪农村，几乎每个大的村镇都有灯会组织，同时也有专业的花灯剧团不断演出。由于当时的封建意识很浓厚，女人不能出场演唱，剧中的女角都是由男人来扮演，所以我们也经常看到聂耳反串表演。

花灯演唱的内容，大多是劳动人民的现实生活，也有民间故事，为广大群众所喜闻乐见。对这些优美的、有着故乡泥土气息的花灯曲调和民间艺术，聂耳特别爱好，对花灯曲调的音乐也颇为欣赏。《小包二接姐姐》是聂耳接触的第一个花灯戏，玉溪花灯唱腔泼辣风趣，情绪饱满健康，手脚颜面表情自如、自然质朴、痛快淋漓。花灯调具有天然的泥土气息，这种气息又直接表露在他们的说、唱、舞、做上。玉溪男女老幼，人人口中都哼着花灯调，那悠扬的曲调在星空下、在微风中轻轻浮动。乡民们祖祖辈辈的苦难，他们的爱情和欢乐，他们对自由与幸福的渴慕，他们的一切悲伤、喜悦、信念、勇气都汇聚在他们的歌声里。

中国古人历来推崇“真诗在民间”，一切真正优秀的、代表着民族的音乐都来自音乐家祖国的大地，来自他们故乡的泥土。聂耳为生长在这块丰饶的音乐土壤中而骄傲，他不断从人民创作的源泉中吸取养料。[①]不仅是《义勇军进行曲》，聂耳音乐作品中的“乡音”情结还体现在他的其他作品中，“形似”“神似”兼备，典型者如《山国情侣》。可以说，聂耳在上海的音乐创作高峰时期，他也从未忘记“乡音”。[②]

1928年暑假和1930年寒假，聂耳为文艺宣传又前后两次返回玉溪。聂耳曾参加在昆明中等学校读书的玉溪籍同学共同组织的“玉溪青年改进会”（后改名为“玉溪青年学术研究会”，主要促进玉溪教育发展，提高小学教育质量，改善教育设施，宣传新思想、新形势、新科学的内容，会员曾与玉溪县县长合影）。1928年回乡举办游艺晚会，聂耳同研究会会员一起演出了《罗密欧与朱丽叶》《女店主》《少奶奶的扇子》等一批新剧。

1930年2月1日是农历大年初三，聂耳同谢弼晋、马天柱等人办民众夜校，再次举办游艺晚会；用群众喜闻乐见的方式，向民众进行宣传。据当时与聂耳同台演出的玉溪县立女子小学学生杨璨波回忆道：“演出地址选在玉溪乡村简易师范学校的操场上，即现在的玉溪军分区后院。聂耳参加演出的文艺节目有《高矮人讲话》、《卖花姑娘》、《外国女郎舞》、话剧《春闺怨》等。”聂耳曾经三次扮演女角出场，演得十分生动。

① 宋佳良：《聂耳音乐创作与玉溪本土文化积淀》，载冯光钰主编《聂耳音乐研究文集》，中国文联出版社2006年版，第69—80页。

② 崎松主编：《国魂颂——纪念聂耳散文集》，云南民族出版社2008年版，第255—257页。

1929年，聂耳（第二排左起第二人）参加玉溪青年学术研究活动的集体照

关于这次演出，聂耳首先演的是《卖花姑娘》。他化装成一个昆明郊区的农村姑娘，上身穿大红姊妹装，下身穿一条黑裤，头上插满了鲜花，手提花篮，口唱卖花调子，时不时还扭扭腰、摆摆手，演得活灵活现。聂耳讲白时用的是玉溪土话，他还在换幕时出来吹奏过笛子，表演过口技，学鸡叫、学狗叫都惟妙惟肖；聂耳的表演给玉溪观众留下了深刻的印象，赢得了全场观众一阵阵热烈的掌声。事实上，除了音乐，聂耳还喜欢说笑逗闹，他吹竹笛、模仿别人说话、玩魔术、跳踢踏舞，他总能发挥十足的逗乐功夫，令亲朋好友乐不可支。聂耳性格里富有百变的幽默细胞，身边的朋友都熟知他这种与生俱来的表演才华。

这次在表演《高矮人讲话》时，聂耳用了特技化装成一个仅有二尺左右高的外国小老头。演出前，聂耳对杨琮波说："小三妹，帮忙到台下借顶红帽。"聂耳演的矮人说话很滑稽，模仿童话故事里奇列格勒的声调讲出来，全场观众都被他声情并茂的演绎逗得哈哈大笑。

这次聂耳回玉溪大概住了10天，白天有时和旅昆的同学一起到州城外面散步，有时在他大姐家中拉琴，完成演出任务后即返回了昆明。由于聂耳品学兼优，英语也好，能直接跟外国人交流，所以在省师毕业前夕，玉溪县的教育局局长曾两次找聂耳谈话，请他毕业后一定回到故乡任教，当教师或者任一所中学的教务主任都行。如果不是后来发生变故，聂耳很可能就回玉溪从教了。

聂叙伦在《少年时代的聂耳》中回忆说："我家经常有玉溪的亲友来串门，说家乡话。他就抓住了家乡口音的特点，学讲玉溪话，一点不走样，经常引得我们捧腹大笑。有一次他独自一人在屋里扭来扭去，我们问他：'你做什么？'他边扭边说：'我学刚才来咱家的那个女人走路。'他表演的姿态，果然很像那个女人，把我们逗得眼泪都笑出来了。"①聂耳就是这样始终与玉溪血脉相连，他在省立师范的同学邓涟在《缅怀聂耳》中写道："守信原籍玉溪，但是生在昆明，长在昆明，已经是地道的昆明人了。可是学说起玉溪话来，使你无法分辨真伪。他那富有特色的玉溪腔，常惹得同学们哄堂大笑。"②玉溪的乡音始终镌刻在聂耳的心中。

不光是语言上的不忘本，聂耳当时的穿着也有很多的玉溪元素，据聂耳当年的同学杨式谷回忆："聂耳在小学时衣服都是用玉溪土布缝的，穿破了补了又补，可是洗得很干净，还是他自己洗的。"③这是受玉溪地区淳朴家风的影响所致。聂家的生活虽然艰苦，但家里温馨和睦，因而聂耳从小就享受着家庭的温暖和父母的宠爱，哥哥和姐姐也都十分疼爱他。正是这个充满关爱的家庭，造就了聂耳一生乐观、开朗、独立、担当的人格，这和玉溪人的家风传承是分不开的。

聂耳还曾以"浣玉"为笔名（意为一个纯洁的玉溪人，可见故乡玉溪永远在聂耳心中），在上海《电影艺术》杂志发表评论文章《和"人道"导演者对话》，创作的歌曲《一个女明星》以及《翠湖

① 聂叙伦编著：《少年时代的聂耳》，新蕾出版社1981年版，第13页。

② 昆明市文史研究馆编：《聂耳——从昆明走向世界》，人民出版社2019年版，第70页。

③ 昆明市文史研究馆编：《聂耳——从昆明走向世界》，人民出版社2019年版，第48页。

春晓》《金蛇狂舞》等器乐曲都脱胎于玉溪花灯曲《玉儿郎》《蓬莱宫》和洞经调“宏仁卦”。所有这些都生动地说明，玉溪永远在聂耳的心中，是故乡的山山水水哺育了他。

情系滇云

聂耳从玉溪走向世界，从云南走向世界。在他的文字与音乐中，醇醇的乡音乡调、浓浓的乡思乡情、深深的乡愁乡忆，早已在他的心灵中烙下了深刻的印记。聂耳23岁的生命中，在云南整整生活了18年，其中离开云南只有两次：一次是16岁时为了追求理想瞒着家人到湖南郴州当兵；另一次就是18岁时为躲避国民党的追捕，被迫逃到上海。聂耳每次远行，不尽的乡愁都一直跟随着他，他今天留给我们的近40万字的日记很大一部分都记录着他对昆明、玉溪和亲人的眷恋与深情。①

这种眷恋与深情表现在聂耳的家信与日记中，也表现在他与女友袁春晖的爱情里。袁春晖是个大家闺秀，其伯祖父袁嘉谷是清代云南的第一个全国状元。1928年，17岁的聂耳在云南省立第一师范学校读书，经朋友张庾侯介绍认识了袁春晖。由于两人都酷爱音乐，有着共同的兴趣和相同的志向，相识后两人便经常聚在一起吹拉弹唱，聂耳负责伴奏，袁春晖则负责唱歌跳舞。

在朝夕相处之间，聂耳和袁春晖的心逐渐靠近，两人相处得非常融洽。聂耳4岁时父亲便去世了，而袁春晖的父亲原为省立一师国文教员，也早早病故。袁春晖和聂耳一样自幼由母亲抚养，相同的经历让他们互生同情之心，爱情的涟漪逐渐在两人的心中泛起。

聂耳喜欢养狗，别人送他一只小黑狗，常常跟在他后面跑来跑去；袁春晖跟聂耳开玩笑，不叫他“聂四哥”，却叫他“聂四狗”。

---

① 昆明市文史研究馆编：《聂耳——从昆明走向世界》，人民出版社 2019 年版，第 1 页。

聂耳也给袁春晖取了个诨名叫“吹吹灰”。他们不仅在开玩笑时这样互相叫喊，平时也是这样称呼，后来一些朋友也不约而同地用这两个诨名称呼他们。在读书的时候，聂耳还经常邀请袁春晖一同去学校参加游艺晚会，两人还曾在一起编排歌舞节目《三蝴蝶》。

聂耳和袁春晖互相爱慕，昆明西坝的“玫瑰花田”留下了他们无数的回忆，两人经常坐在大树下面畅谈各自对前途的看法，互相勉励。聂耳经常送给袁春晖一些进步书刊，要她努力阅读，但嘱咐她要特别谨慎，不要让他人发现。袁春晖也告诫聂耳：在“白色恐怖”的情况下，参加学生运动要倍加小心。

1929年，彭寂宽看出他们相处得很好，就准备托人到袁春晖家提亲，对此征求聂耳的意见：“老四，我看你和那个女朋友处得很好，我也很喜欢她，我想请人去她家提亲，你看怎么样？”

聂耳立即回答：“妈妈，我还小，现在还不是谈论婚姻的时候。”

“男大当婚，女大当嫁，你也不小了！先订了婚，以后慢慢再结婚，有什么不好呢？”

“不！妈妈！我现在一事无成，谈什么婚事，要考虑的是事业前途。将来时机成熟，再解决这个问题不迟。”

聂耳不愿过早地谈论婚姻问题，他认为结了婚，再有个小孩，那就会陷在小家庭的圈子里拔不出来，还谈什么远大志向呢？[①]

聂耳的心里是深爱着袁春晖的，但他却有着自己的顾虑：一来他家境贫寒，自己内心深处觉得无法给袁春晖带来美好的生活，而袁春晖是名门之后，自己配不上她；二来他心中有着自己的理想和事业，他总是觉得无法为了爱情而放弃自己所追寻的理想，正是这种想法，让聂耳错过了一生挚爱。

本来袁春晖的家人对出身贫寒的聂耳就不怎么喜欢，袁春晖的阔亲戚们更是三天两头要给袁春晖介绍富家公子，他们时常对袁春晖的

① 王志雄、郭凌主编：《亲人心中的聂耳》，中国民族摄影艺术出版社2008年版，第164—165页。

母亲说道："聂耳虽然博学多才，人品也不错；只可惜是靠他妈开个'成春堂'小药铺为生，经济太困难，您要为女儿的前程考虑。"虽然家中人总是三天两头地来劝袁春晖放弃聂耳，但袁春晖依旧没有放弃对聂耳的爱恋，他们有着深厚的爱情基础。

可惜时间是一种慢性毒药，它慢慢摧毁着聂耳和袁春晖的爱情。在聂耳去了上海之后，袁春晖的亲戚更是苦口婆心地劝袁春晖另嫁他人。由于聂耳一直在外，又永无归期，最终袁春晖不得不屈服，向家人低头。在家人的安排下，她和一个青年商人结婚，但在袁春晖的心里，她依旧放不下心中那份初恋——她心爱的"聂四狗"。

虽然不能和袁春晖在一起，但聂耳的心里依旧放不下这份初恋。从聂耳现存的笔记中便可以看出他这份浓浓的爱意。

在1930年1月15日的日记中，聂耳记下了如下的语句：

> 晚上，天空悬挂着一个非常明亮的月亮，张君同我散步到翠湖，我有一种想法：
>
> 1. 我不能够把C从我的"想念"里除去。
> 2. 我不可能把C从我的"爱慕"里除去。
> 3. 若我同C离别，我没有把握我会同另外一人。
> 4. 若是我牺牲了我的想念，我不可能满足C的希望。
> 5. 其结果是：我艰苦地进行我的"想念"。

1月16日的想法：

> 假若我继续着我的"想念"，我不可能再忍受痛苦至"结果"自杀。

日记中的"C"是袁春晖的代号，到上海后的聂耳依旧没有和袁春晖断绝联系，两人时常有书信来往，聂耳甚至想要攒钱让袁春晖去外国学习音乐；可惜愿望总是美好的，但美好的愿望终究只能败给现实。

在给好友张庚侯的信中，聂耳写道："我希望你有好些事不必神经过敏，老实说，我现在爱的人只有小三晖；我不管她怎样人小心大，我总觉得她也一样爱着我。"此处"小三晖"正是聂耳对袁春晖的昵称，即使两人分隔两地，即使两人已经无缘再在一起，但聂耳的心里还是放不下对袁春晖的爱。这份爱建立在他们彼此心心相印的基础上，在那个战乱纷纭的年代，分隔两地的他们依旧通信将近20多次，完全可以看出他们之间的情深意笃。

当然，聂耳"情系滇云"不光是家乡有着他的初恋袁春晖，在他的家信、日记中，聂耳"乡愁"的表现很大程度上更是来自对故乡亲人的思念。在1929年1月31日的日记中，聂耳曾说在故乡看花的时光比客地来得赏心。2月21日，在郴州军营过年的聂耳给二哥写了一封10多页纸的长信，表达了对家的思念和心中的孤单：

> 亲爱的二哥哟！异乡作客本是不堪忍耐的，尤其是在逢年过节的时候，更是使人难堪的。我虽在这里过年，但是我的心灵，无一时不在家里打围、弄乐器，这里的年究竟像什么我都不晓得。

1929年5月9日，聂耳从广州当兵回来的第三天晚上，亲朋好友10多个人在聂家举行了一个欢迎晚会，人人都表演了各自拿手的节目。有的唱歌，有的哼戏，有的唱花灯，有的讲故事。聂耳则用洞箫吹奏了《苏武牧羊》和《昭君出塞》，他边吹边讲，讲苏武和昭君离开故乡为国而"战"的故事，聂耳讲得声情并茂，引得大家纷纷流下了热泪。彭寂宽那晚也用花灯唱讲了一段木刻故事《孟姜女》，家国情怀的交织让大家感慨不已。

1931年7月10日，聂耳又写道："整整地离别一年了，和我爱的家、爱的人、爱的云南特有的风景。”家是心灵的避风港，彼时聂耳正在上海，陌生的环境让他还没有完全适应。在家千般好，出门事事难，理想与现实的巨大差距折磨着聂耳躁动不安的心灵，这时唯有家乡的亲人与风物才能抚慰他内心的诸多苦楚。

1933年1月30日，聂耳在家信中又说：“在先想整个放弃这边，回云南去。”他对自己的计划是加强音乐上的修养，注意现生活的充实，不要过分地理想将来的生活，主要从三方面进行：1. 经常地写谱。2. 尽可能地参加乐队演奏。3. 注意云南音乐。

同年1月31日，聂耳给二哥守诚写信：

> 当我在追忆故乡的时候，很想放弃了我在外面发展的一切玄想，奔到妈妈膝下，哥哥姐姐的面前来。

这年的端午节，聂耳在写给母亲的信中也说：

> 现在我想在中国的各地民间歌谣上下一番研究，请三哥帮我收集一些寄来，不论什么小调、洞经调、山歌、滇戏牌子都要。千万急！

同一天时间，聂耳还给好友张庚侯写了信：

> 我要请你帮忙收集一些云南的民谣、民歌、山歌……我们到杭州去拍外景，倒很有趣，我相信几年后的翠湖，并不亚于西湖。

从以上信件中我们可以看出，云南音乐一直是聂耳不断学习与探索的对象，聂耳离开故乡，在上海、北平等地的路上，在水豆腐里，在学校钟声和舞台上，云南的“乡愁”也总是环绕着他。聂耳在外地每看到一个景观，都会不由自主地联想到昆明和玉溪，就如看到西湖就联想到翠湖一样。聂耳这不尽的思乡情愫，就那样和着一首首曲子，变成了激昂的战斗雄曲和无处不飞花的《翠湖春晓》。

1935年2月25日，聂耳在上海听到两位少女的歌声后就立刻想起了家乡的山歌：

> 他们摆的步法正如我的家乡的唱花灯一样……有时好像湖南调，有时又有些相似云南的山歌。总之它会给我一种异样的感觉，几乎忘了我现在是居于何处。

“独在异乡为异客”，聂耳每次听到来自家乡的声音总是倍感亲切，那两位少女的歌声不仅有着昆明的花灯调，更多的也有玉溪的花灯元素，这让聂耳思乡的情绪更为浓重，以至让他忘记了自己到底身居何处。

翻看《聂耳日记》，在上海的5年中，最让聂耳愁肠寸断的，就是故乡，是生他养他的云南，是他的故乡玉溪和家乡昆明。如1931年9月11日的日记中提到：“心里异常烦闷，不知什么原因。拿起洞箫来吹了一个《春朝曲》和《旧地》，眼泪一出，叫我没有勇气再吹下去。”身在异乡，就算是家乡的一点乡音，都能让聂耳情不自禁想回到云南。

1932年8月2日，聂耳在日记中记道：“看了景光写给黑天使的一封信，看这情势好像更严重起来。我决定了我的路线：回滇。在这机会，着实有回滇一转的可能。一方面隔离现环境，一方面可以看看离开了两年的故乡。仔细一想，再出来时，恐怕会有很大的麻烦。”回滇，始终是聂耳在上海时期的一个心结。聂耳在上海的时候还经常抱着一棵梧桐树诉说自己的苦楚，他觉得自己看到的树就像云南的一样，看见树就好像看见了家乡，看到了家乡的山山水水和可爱的人。

故乡云南有着聂耳最亲最爱的人，他的音乐种子在玉溪生根发芽，在昆明茁壮成长，在上海开花结果。聂耳的成长、才能、智慧都与玉溪、昆明的土地息息相关，他的昆明、玉溪“乡愁”在其处于外地之时无时不环绕着他。聂耳人生最后的5年，云南的音乐与风景、亲人和恋人始终都是陪伴他战胜孤独及忧愁的最好慰藉。

因志趣脱离“明月”

20世纪30年代的上海是经济中心、革命中心，汇集着形形色色的人、组织和价值观。聂耳于1930年7月抵达上海，1932年8月离开上海前往北平。在那两年，聂耳做过商铺的店员，进入明月歌舞剧社（以下简称“明月社”）正式学习音乐并登台演出，加入了“反帝运动大联盟”参加革命运动，亲历“一·二八”淞沪抗战；听到了战争的炮火，阅读了大量的进步书籍，逐步找到了艺术创作的方向……最终，他因为文艺思想的转变而离开明月社。可以说，这一时期，是聂耳艺术进步思想成熟的重要时期。

谋生上海

站在上海的街头，聂守信，这个从云南经广东、香港辗转至上海的青年，拿着三哥聂叙伦的介绍信，他要先寻找的栖身之地是“云丰申庄”。云丰申庄是昆明云丰商号在上海开设的一家分店，设在虹口公平路附近同春里31号的福兴公寓内。他们采购上海生产的大联珠牌香烟，寄回昆明销售。负责人是昆明云丰商号老板薛耕恩的妻舅段维善，还有老店员高瑞昌。聂耳将在这里成为一名不拿工资的杂役。

30年代的上海是繁华的，这座仅次于东京的远东第二大都市，是“冒险家的乐园”。国内外大大小小的投机商云集于此，梦想通过投机倒把、买空卖空发大财，衣着时髦的男男女女出入剧院、影院、歌舞厅谈论着法国的时装、好莱坞的电影，跳着最摩登的狐步舞：以官僚买办为主体的经济结构，给这个十里洋场装点出灯红酒绿的虚假繁荣。

这些繁华似乎与聂耳并无关系。他和老店员高瑞昌一起住在采购站的亭子间里，楼梯狭长，屋子低矮，床铺上有赶不走的跳蚤；邻居中有喜欢打麻将的杂货商人，有经常酗酒打老婆的白俄人，有生活陷入困顿要变卖衣服的土耳其人，还有能讲英语、日语及多地方言却不会写字的轮船伙头。早晨起来，只看见黄包车、巡捕、老虎灶、马桶、洋岗警、提着饭盒上早班的工人、工厂里和轮船上的烟囱……

1931年3月12日，聂耳（右）与上海云丰申庄职工合影

聂耳看到的是一个底层的上海，是许许多多人在夹缝中讨生活的上海。

他自己的工作单调而乏味，每天都是提货、包装、邮寄、记账等杂事的重复。下班后，自己生小煤炉煮饭充饥，无聊时和老板下下象棋。几个月后，聂耳每个月可以拿到十五块的工资。但日子依然过得十分清苦，煤炉上煮着的还常常是清水白菜，生了病还是舍不得去医院瞧瞧。

尽管囊中羞涩，物质的匮乏却不会给聂耳构成困扰。8月31日，聂耳给兄长聂守诚写了一封信，汇报了自己在上海的生活，虽然写到自己穷得不敢随便花钱吃一餐午点或者加一份消夜，但是聂耳表示：

> 二哥，请你放心吧！我虽没有钱用，这是无所谓的，我只希望我的生活能随我理想的系统。现在我每天都在自修英、日文，但时间很少，单烧火煮饭的时间就要占一大半，还要做所谓公事。不过我都尽量找时间，做自己的功夫。繁华的上海，藏污纳垢，您的弟弟早深深感到。请您像以前一样相信他，他决不会误入歧途的。

可见，生活的拮据并非聂耳所在意的，自小在艰难的生活中长大，他可以靠生性的乐观来应对。更难得的是，虽然这时的聂耳只有18岁，但他对生活的现实却有如此理性清醒的认识。他没有被上海的物质繁荣迷惑，反而发现了华丽外表下的重重矛盾。1931年的春节，在浓浓的春节氛围中，独在异乡的聂耳只有两样小菜和一只连壳蒸的鸡蛋果腹。但是，有什么关系呢？他在当天的日记中写下了一首饶有风趣的打油诗：

> 两盘两碗过新年，
> 大口大气自开心！

分明是豆芽菜、干豆腐，
却以为是板鸭、炒椒肝。

日子虽然清苦，但聂耳乐观的心性让他可以苦中作乐。

初到上海，他所欢喜的是收到女友袁春晖的来信，这让他清苦的生活也有了一些甜蜜。在下起鹅毛大雪的日子里，他没有感觉寒冷，反而在洁白的雪地上画出一颗玲珑的心，想要与春晖分享。

他还欢喜的是在上海可以买到各类书籍，这使得他的生活不再单调，精神不再匮乏。聂耳依然喜爱他的外文翻译专业，在商务印书馆买到《日语读本》和《英语周刊》，便十分高兴，赶回住所，埋头就看。

除此之外，他还购买借阅各种进步书籍，在8月18日的日记中，他便写到从朋友那里借到了蒋光慈主编的左联进步刊物《拓荒者》。这些书籍都如同阳光一般，照进了他低矮的房间。虽然在读书的时候，有时噼噼啪啪的麻将声响起来了，有时弄堂里唱曲的声音传进来了，短时间难免扰了他的心神，但时间久了，他倒也习惯了在这十分喧繁和恶劣的环境里平静地读书。

比起离开昆明时的仓皇，聂耳在上海的生活终究是平静的。而在这平静中，给了他更大惊喜的是重逢了一个人，邂逅了一把琴。

聂耳并没有在日记中写明他和郑易里是哪天在上海相逢的。但是，“他乡遇故知”，与郑易里在上海的重逢给聂耳在上海的生活带来了很大改变。郑易里，1906年出生于玉溪州城，名重良，字雨笙，后改为易里，比聂耳大5岁；因聂耳的三哥聂叙伦已经和郑易里的侄女订婚，论辈分，他是聂耳的长辈。聂耳喊他一声“七叔”（郑易里排行第七），两人在昆明就已相识，但交往不深。见面后，七叔看到聂耳清苦的生活，不由分说拉着聂耳进到附近的一家小馆子里，点了几样荤菜，叙起了旧事，谈起了将来。

交谈中，郑易里细细地跟聂耳讲了自己的成长和斗争经历。郑易里1924年考取北平农业大学，1926年东渡日本留学，在中共地下组织“东京特别支部”的领导下投身革命。1928年回国后，到云南与云南党组织创始人王德三等人一起开展地下党活动。1930年年初，云南地下党组织遭到破坏，郑易里逃到上海，一面在二哥郑一斋设在上海的商栈里帮忙，一面与艾思奇等人筹办“生活书店”经销出版进步书刊。与聂耳相比，郑易里更早地接触了马克思主义学说和中国共产党的各项工作。郑易里的二哥郑一斋也是云南著名爱国民主人士，正是在他的支持下，郑易里和郭大力等人在上海组织翻译出版了我国第一部中文版《资本论》。对于聂耳来说，年长他5岁的七叔不仅仅是同乡亲戚，也是志同道合的朋友，是指点迷津的师长。

上海重逢，虽然时节已入秋，但郑易里的话却让聂耳感受到了春风般的温暖。他叮嘱聂耳：“首先要解决肚子的问题。身体搞垮了，就什么理想都不能实现。今后常到我那里，吃点家常饭。”他更告诉聂耳：“不要光看到上海黑暗和反动的一面，其实这里也是革命斗争前沿。现在上海左翼文化工作者正和国民党反动派的文化‘围剿’开展着斗争，文艺团体空前团结，鲁迅、郭沫若、成方吾、田汉等这些大名家也在上海，你要逐步熟悉这里的情况，增长见识，提高自己的音乐水平，以便投身到为人民大众的事业中去。”他还叮嘱聂耳：“以后你就叫我老郑好了，我还是叫你守信。免得让云南的那些坏蛋（特务），从中又闻到什么气息。”这些字字真切的话语都深深地印在了聂耳心里。

原本处在上海这一政治前沿地和革命中心，聂耳就非常关心时局。他在上海的第一篇日记便写于1930年8月1日，南昌起义三周年的纪念日。只要到五一国际劳动节或俄国十月革命纪念日，他都会不辞劳苦地从云丰申庄的所在地跑到市中心地带去看，渴望着能参加革命群众的示威游行。

有了朋友的鼓励，聂耳的信念就更为坚定，革命热情也更为高涨了。“我在昆明读了一些进步书刊，参加一些社会活动，并加入了团组织，到了上海也不能消沉下去。”聂耳说。

起初一段时间，聂耳每周抽两三个晚上，到希平氏业余外语学校补习英语，去了一段时间，他觉得学校讲的英语程度和自己的水平不相上下，于是退了学。经郑易里介绍，又转到另一个日语班补习日语。因为郑易里也学过日语，基础较好，他也可以为聂耳答疑解惑。

除了学习外语，这时聂耳更是如饥似渴地看进步书刊。当时，上海光华书局出版的《读书月刊》在聂耳眼中是一个光辉夺目的存在；虽然有时囊中羞涩，一个铜板都搜不出来，但他还是尽了所有的努力省吃俭用买来，或者四处找寻地借来。捧在手里，简直像恋人重逢一般，他觉得“有说不出的可爱”。

仅仅到上海3个月，聂耳便已“摸准”了自己将来要走的道路。1930年10月19日，聂耳写了一篇长长的日记，日记主要是对自己过去18年生活的年谱式的回忆，是对过去的记录，也是告别。在这篇日记中，他明确地表示：

> 看了几篇革命文学论文，指示给我现在的艺术运动的主要任务是要大众化。非集团的，不能和大众接近的是成为过去的东西了，它是在现社会里所不必需的。……今后我的研究和创作文艺的方针将改变了，不再作个人的呻吟或以个人的革命性的表现去影响群众。微小的力量不能说没有，但总不如更深一层地往前跑，向着新的艺术运动的路上跑去。

告别过去，告别一个人的失落迷茫，告别一个人艰难的斗争，把个人的呼喊融入大众中，把个人的力量融入组织中，从中汲取更多的力量。这是聂耳第一次明确地提出大众化的艺术主张。从此，与大众站在一起，发出大众心底的声音，便成为他艺术生命中的主旋律。

不仅仅是阅读、思考，聂耳还要参加到革命的实践中去。通过郑易里，聂耳11月加入中国共产党领导下的反帝爱国群众团体“上海反帝大同盟”，像在云南时一样，再次投身到革命的洪流之中。

在上海，原本就喜欢演剧的聂耳还特别喜欢看电影。而且，因为帮助昆明的朋友廖伯民和张庾侯从上海代租影片去昆明逸乐电影院放映，聂耳得到了一百元酬金。对于一个月只有十五块钱收入的聂耳来说，这笔“巨款”是令人惊喜的。聂耳的分配方案非常干脆简单，其中的一半汇给母亲，他很高兴，这个漂泊在外的最让母亲牵挂的“老儿子”终于可以给母亲寄去自己的回馈了。剩下来的一半，聂耳拿着它径直地来到一家二手乐器店里，用它买了一把二手小提琴。

拥有一把属于自己的琴，是聂耳早就有的愿望。在读中学的时候，当他拉着从友人那里借来的小提琴时，就想过：“今后倘若有一天经济条件允许时，一定要买一把琴。”这个梦寐以求的愿望，终于实现了。这是一把再普通不过的琴，做工并不精致，质量也不属于上乘，但聂耳真是爱不释手，总是从早到晚，夜以继日，有空就练习，像着了魔一样。

当时，聂耳在日记里高兴地记道：

> Violin（小提琴）自然是能使人心境舒畅，当我奏起那常常呼为“Dream”（舒曼的《梦幻曲》）的乐曲时，虽然指头会痛，无弓法，无指法，也是够快活的了。若如没有旁的事来烦扰，我会不吃饭，不睡觉，不分早晚地练习下去。

最初得到小提琴时，聂耳的想法是尽量练习能拉出几首好听的歌曲来。可是实践证明，要想演奏出一首很好听的歌曲绝非易事，何况他又不会自由运用弓法、指法等规律，他很快发现“只是不规则地所谓尽量练习，好听的歌曲绝不会产生的”。

有一天，聂耳逛书店时，见到了一本丰子恺著的《音乐入门》，他如获至宝，买回来很快就把它从头至尾读完了。学习后才懂得要拉好小提琴的困难和基本功练习的重要性。这使他一时感到十分懊恼和彷徨，甚至让“那洋盒盒安静放在枕旁一个多礼拜”也没有去动它一下。

这在聂耳学习音乐的历程中还是第一次。经过了几天的苦恼与思考，他又振奋起来，继续练琴。他买了霍曼弓法练习的书，买了更多的曲谱，他细致地感受着自己指法、弓法的变化，没有人指导，全靠个人对照谱子练习摸索，聂耳就这样笨拙而用力地不断练习着。“旧的指头硬节退去，加上了新的痛。手指分家地持弓，现在才把它合作起来。不曾用惯的小指，现在才学习运动。可怜！这些简单的方法论，素称与Violin为三年之友的我，现在才算真实地知道一点，忍不住又要我说一声‘可惜’！”

时间在读书、思考、练琴中悄悄溜走。1931年3月19日，云丰申庄漏税瞒税购寄纸烟的事件暴露，被处大额罚款而宣告破产倒闭。面对这一变故，聂耳感到震惊，他说：“青天白日中突来一个霹雳。”这意味着他失业了。何去何从，要作出选择。但是这个问题也没有困扰他多久。因为他的目标非常明确：“想再多求点知识。”所以，虽然不知道将来要做什么，但是留在上海，是他很快确定了的。“因此不敢多用脑筋，还是决心留在外面，保持着初来时的精神。”初心不忘，选择便也没有那么难。在当天的日记中，他仅仅用了200余字来写这一青天白日里来的霹雳，写得云淡风轻；反倒是用了千把字的篇幅写他在青年会听到的不甚理想的摄影演讲，写得义愤填膺。

接下来的日子，聂耳依然读书、看报、练琴、看展览……烦闷的时候，会跑去找老郑，赶不巧，如果老郑没在家没有找到，就会更烦闷。这时，便只能在黄浦江边漫无目的地徘徊；也曾短暂地想过去南京报考军官学校，但随即就否定了，觉得虽然可以混口饭吃，但终究不是自己的心愿。

这时候的聂耳已经决计要摆脱为讨口饭吃而工作的日子，而要为理想信念、为有意义的事情而活了。这样的日子并没有过多久，3月28日，距离云丰申庄倒闭不足10天，聂耳在《申报》中看到了一则招生启事——上海联华影业公司音乐歌舞学校招练习生。

名额——歌舞组女生3名，年龄15至18岁，程度——中学程度，能说标准国语且习过歌舞者。待遇——初试及格者先试习一星期，供给午晚餐。复试及格者供给膳宿，并按月津贴零用10元。学习6个月后，再定薪数。另招收音乐组男生3名，年龄15至22岁，中学程度，并习过器乐或声乐能对谱奏唱者，待遇同上。报名：即日起至本月底止。请到爱文义路（小沙渡路西）129甲号填写报名单。

这则启事让聂耳眼前一亮。虽然不敢抱希望，但聂耳还是决定去试试，而这次尝试给聂耳打开了艺术的大门。

学艺联华

联华歌舞学校的经营主体是上海联华影业公司，从事电影放映和影片摄制。公司经理是青年实业家罗明佑。1929年，罗明佑创办了华北电影有限公司，在东北拥有许多放映网点，并以“复兴国片，改造国片”为旗帜，先后拍摄过《故都春梦》《野草闲花》《义雁情怨》和《恋爱与义务》等。1930年8月，罗明佑合并了“大中华百合影片公司”后，正式成立了上海联华影业公司。1931年，在北平设立“联华演员养成所”。之后，罗明佑与上海黎锦晖主办的“明月歌剧社”联系，把它合并进来成为联华影业公司的歌舞学校。

黎锦晖是湖南湘潭人，早年在长沙当过教员，后来在北平创办“明月歌舞剧社”。受“五四”新文化的影响，他创作过一些进步的歌曲。北伐开始，他就写了《同志革命歌》《欢迎革命军》和《解放歌》等。1928年5月，黎锦晖带领明月歌舞剧社，先后到新加坡、吉隆坡、曼谷、雅加达和苏门答腊等地巡回演出，一时轰动海内外。他还凭其创作的中国第一首流行歌曲《毛毛雨》、唱红大江南北的《桃花江》，以及大量脍炙人口的儿童歌剧、歌舞及歌曲，当仁不让地雄踞中国流行音乐第一人的宝座。联华歌舞学校成立后，需要扩充人员，便在《申报》上刊登了招考演员的启事。要求团员们不仅能歌善舞，还必须有语言方面的功底。此时世界电影由默片时代进入有声电影的黄金时期，中国电影界也面临着新的发展机遇。地域方言种类繁多的中国开始要求演员能够说以北京话为基础的标准语（联华歌舞学校在募集女子歌舞组成员时要求“能说普通话”）。①

看完联华的招人启事，聂耳心里有说不出的高兴，真是于山重水复之际又遇到了柳暗花明。他的条件符合招生要求，如果能考进去，不仅可以解决生计问题；还可以在当时风头最劲的职业歌舞团拜师学艺，从事自己喜欢的音乐工作。音乐的世界就是聂耳心头的白月光，能够揽得这轮明月吗？来不及多想，他放下报纸，当天就赶到音乐歌舞学校，以“聂紫艺”的名字报了名，领了一张编有序号的报考证。报完名，聂耳强迫自己冷静下来，他告诉自己：“经了几次的失望，以后再不敢有奢望了。所以今天虽然报了名，准予考虑，我还是看作当有当无的事。”

话虽这么说，但是面试前的几天里，聂耳都在认真地练琴。为迎合“明月”的审美，他练习了当时上海歌舞厅里流行的歌曲《秾李艳桃》，还特意练习了黎锦晖创作的儿童歌曲《小小画家》。在郑易里的回忆中，聂耳这几天练琴也是格外勤奋。面试前一晚，像许多迎接大考的学生一样，他早早地上床休息。第二天，精神十足，提前一个多小时就到了面试地点。

面试是黎锦晖亲自主持的，聂耳对他的第一印象是客气而亲切，

① 聂耳进入联华歌舞学校后，黎锦晖先要聂耳学好注音字母，要求用 40 个字母拼出 400 个音来，改掉他讲话时不自觉带出来的云南口音。聂耳既聪明又勤奋，他仅开了一个通宵的“夜车”，就将注音字母全部熟记于心，并且能够运用自如。接着，黎锦晖要聂耳记熟每个音的“五音四呼”。聂耳就制作注音卡片装满自己的上衣口袋，有空就抽出一张来认读，仅用两三天工夫，便记熟了千把个字（陈聆群《王人艺先生谈聂耳》）。有此国语音韵基础打底，就为聂耳后来善于将曲与词有机融合的大众歌曲创作奠定了语言基础。

“你到上海好久了？”这是黎锦晖跟聂耳说的第一句话。面试的小提琴演奏曲目是C调十六分音符的极高音部练习曲，聂耳接过曲子便开始演奏，但因为紧张慌乱，加之聂耳的小提琴本就是“半路出家”，练习时间不长，一场下来，曲子拉得“错的错，落的落”，手忙脚乱，错误迭出，终于没有奏完。聂耳的心里是懊恼的，甚至觉得自己可能要与这次难得的机会失之交臂。没想到，后面还有一首四拍简谱曲，又有一首钢琴曲。聂耳的心神镇定了一些，顺利完成了后两首曲目的演奏，也为自己赢得了进入联华歌舞学校的机会。

对黎锦晖来说，他对此的回忆是这样的：他来爱文义路（今北京西路）1298号联华歌舞班应考乐队（练习生）时，是我亲自参加考试。还记得他的身体相当健康，精神振作，常识丰富，胡琴有根底，小提琴刚习不久，立时决定录取。

经过两天焦急的等待，这两天里聂耳整天都在眼巴巴地盼望着能有联华的信件到来，终于在4月3日收到了复试通知，以及复试时要演奏的曲谱。复试定在4月8日，短短的几天时间里，聂耳一直反复练习复试曲目，顺利通过复试。他是如此兴奋，4月12日要搬到联华了，11日他跑到同乡好友张天虚住的旅社里玩了一夜，畅谈理想和未来。“明月”，多好的名字，聂耳希望在这里逢着一轮明月，把黑夜照得透亮透亮的。第二天他又约了郑易里一起到兆丰公园，游船、合影，真可谓春风得意。郑易里对这一天的回忆是：“有一天他连走带跳地来找我，原来已经中了彩了。”是啊，130多人报名，只招3人，能够从中脱颖而出进入自己梦想的地方，真无异于中了头彩。在典当了冬衣、置办了用品之后，聂耳搬进了联华。

进入联华后，聂耳的生活依然拮据，仍然要眼巴巴地盼着能收到家里的汇款，把夹衣典当了还是凑不起买一顶小蚊帐的钱。在炎热的天气里，拖着疲惫的身体一天三场地连演四天才能分得六块钱。纵然如此，聂耳依然感叹“生活终于改换了”。搬入学校后，虽则拮据与疲惫，但终究是与自己喜欢的艺术常相伴了，身边又是年龄相仿的伙伴。

联华歌舞学校与聂耳同期的演员、乐手总共约40人，其中在中国音乐史、舞蹈史、电影史上声名远播的人物比比皆是：以金玉谷为笔名，《夜来香》（由李香兰演唱）的作词作曲者黎锦光（黎锦晖七弟）曾风靡一时；王人美的兄长王人艺，是小提琴演奏高手；严华兼歌手和作曲家于一身，是黎锦晖的得力助手；张少甫担任二胡和大提琴手。聂耳和王人美、王人艺兄妹及白虹很快成为好朋友。聂耳随和又热情，团里的人都喜欢叫他“聂子”。

联华歌舞学校的岁月极大地改变了聂耳的人生。1931年5月，聂耳入团后不久，联华歌舞学校即由黎锦晖带队赴南京演出，聂耳作为实习生同行。回到上海，黎锦晖便安排与聂耳同岁的王人艺教他小提琴。王人艺是湖南浏阳县人，与黎锦晖是同乡。王人路、王人美都是王人艺的亲兄妹，两年前他们一起进了黎锦晖的文艺班，哥哥学拉小提琴，妹妹学习歌舞。现在，兄妹二人都是歌舞班的台柱子。同时，王人艺也是个

1931年4月12日，聂耳（右）与同乡友人张鹤在上海兆丰公园合影

责任心很强的人，他认为聂耳不仅很老实，同时也很聪明，为人又很谦虚。所以，他便十分乐意地接受了黎锦晖交给他的任务。

当时，王人艺一边工作，一边向一位意大利教师杜布什卡学习拉琴。他把自己学来的技巧，经过融会贯通后，又毫无保留地传授给聂耳。聂耳对自己没有接受过“正式教育”及由此引发的种种问题有着充分的认识和自觉。他很珍惜这一学习机会，亲切又恭敬地称王人艺为“小老师”。练琴的场地小，两人就经常站在房间的对角练习。

正式练琴一个月后，聂耳便感到自己的琴艺飞速进步。在王人艺的指点下，他逐渐摸清了练琴的门道，对自己充满了信心，表示会专注地练下去。7月7日，他第一次在王人艺没有到场的时候代替他登台演出。

这段时间，他在联华还收获了“聂耳”这个名字。起初是因为他的耳朵会动，闲暇里常以此给大家逗乐；后来，大家发现聂耳的听

1931年4月，聂耳（中）考取明月社，与他的小提琴老师、明月社首席小提琴师王人艺（右）等合影

觉特别灵敏，他能分辨音阶中的细微差别；又因为他姓聂，聂的繁体字由三个“耳”组成，社里的人就称他为“耳朵先生”。聂耳听了这个绰号很高兴，他干脆又加了一个“耳”，把名字改为聂耳了，自称“四只耳朵”。在他小有名气后，曾欣喜自豪地写信给母亲：“在上海艺术界中，提起‘聂耳’已经有相当多的人知道了，尤其是许多电影刊物常常可以见到‘四只耳朵’的名字（‘聂耳’的繁体字）。妈妈，您应该够开心了吧！”

在联华学校，聂耳是有天赋的“四只耳朵”，也是练琴练到废寝忘食的“拼命三郎”。无论是周末，还是中秋，对他来说都没有区别，所有的活动就是练琴学习而已。“叫什么中秋节？不要想倒还好。别人都出去，有的看电影，有的游公园，只有我老守在家里看《作曲法》。”他曾经写信给家人：“我不愿把一分一秒有用的光阴耗之于无聊。音乐、戏剧、电影，便是我一生的事业，我愿在这一生里去研究、学习。”

接下来，明月社与联华公司正式签约，聂耳每月可领到二十五块的乐队薪水。新生活就要开始，当晚大家欢欣地努力加餐。想到自己的发展，聂耳暗下决心：“从此努力吧。”进入联华一年多后，经过孜孜不倦地苦学苦练，聂耳终于获得惊人的进步。每天捧着丰子恺的音乐书，他的乐理提升了；演奏方面，不单单是小提琴，二胡等民族乐器他都钻研过；他还体现出不一般的品评能力，无论东西方音乐，他都能说出个高下来……他既专且博。

比起在艺术上的高歌猛进，进入联华后，聂耳在思想上的进步与成熟经历了更多曲折。

初始，聂耳对于在联华歌舞学校的生活是一股脑地投入的，他喜欢拉琴、演出，也喜欢跟同龄人一起聊聊青年人的玩乐与爱情。聂耳的宿舍总是最热闹大家最爱去的地方。他唯一不喜欢的是每次学校里来了“贵客”，他总会被要求换了衬衣礼服去接待，说些无趣的话；在聂耳看来，这是将“有用的时间耗于无用的闲谈”。在这样的日子里，他发现自己甚至不知不觉忘了写日记，这让他很是懊恼。

突然的惊醒发生在7月初，聂耳在昆明的友人陈钟沪到了上海，几次见面后，她无心的一句话，在聂耳的心中掀起了波澜：“你不会是就这样终了一生吧？以后想怎样？”“以后想怎样？”这句话让聂耳心中一惊，他回答不出来。他把这句话记在了当天的日记中，他要尽快找出答案来。7月10日是聂耳离开云南整整一周年的日子。他认真地回顾了自己在上海一年来的生活，思考了自己何去何从的问题：“这一年，便是这样稀里糊涂地鬼混过去。……明天是新日记的开始，是第二个周年的开始，也是新生的开始。”

经过几天的思考，聂耳的心中有了答案，他清醒地说：“新的脑子的培养，不是用一个模型一套便一次铸成，永不会腐破的。它正如

聂耳在明月社住地附近练习舞蹈

一棵嫩小的植物，随时需要合理的灌溉，你若是天天不给它应得的养料，或不平均地给它，忽饥忽饱，它的一生总是枯萎不振的，虽然它能结出没有血色的果。你若是仅在某时期内给它充分的栽培，就不过问它也不会保持永久而终至枯死的。”接下来，聂耳要以马克思主义为自己脑子的“养料”了，跟他一起读书一起进步的是他最信任的朋友郑易里。在风雨飘摇的中国，两位热情上进的青年相互鼓励相互提醒。聂耳还坚定地说：“今日之聂耳不是昔日之聂守信。”他要告别旧的聂守信，塑造新的聂耳。

随着思想上的日趋成熟，聂耳对许多事情的看法尤其是对艺术的看法也发生了重要的改变。他本就认为上海的音乐演出市场有许多弊端：拼凑，媚俗，毫无艺术性，只是哗众取宠。黎锦晖所领导的明月社虽然比其他要高妙一些，聂耳也曾沿着黎锦晖的艺术道路前行，但黎锦晖的“城市音乐”终究未能摆脱“哥哥”“妹妹”的套路。

渐渐地，便是在宿舍里的玩闹，聂耳也愈发觉得没有意思。9月9日的日记中，他这样记录：“临睡前胡笑一阵，全宿舍的人谁也弄不清究竟是什么。”而另外一个方面，他也愈发觉得，跟黎锦晖的四弟（聂耳称为“四爷”）黎锦纾谈天，“真是越谈越有味。自吃晚饭后到夜深三点钟才止，什么文学、宗教、政治、欧洲的女人、电影、京戏……谈得真开心。”

当时，聂耳并不知道黎锦纾已经秘密加入中国共产党，只觉得大家志趣相投。跟郑易里见面的日子也总是让他分外开心，两人如果半个月没见，聂耳便觉得“许久没见”，见面后总有说不完的话，越说越开心。他们也会一起看新出的左联文艺周刊《文艺新闻》和马克思主义经典著作《反杜林论》。

有了志同道合的朋友，有了理论的指导，聂耳的思想主张愈发明确，他关心时局，关心家国命运，而不愿意再浑浑噩噩地只图眼前的简单的快乐。

“黑天使”的出走

1931年9月18日，九一八事变爆发。聂耳在9月20日的日记中写道：“今天——九月二十日，最值得注意的一件大事是报纸上的大字：日军占据沈阳城，炸毁南满路，东北军王以哲旅长殉难……这是前晚发动的。”

不过，聂耳对日军的强盗行径并不感到十分意外：“日本侵略中国，是在意料中的事。试看万宝山、中村失踪等事件，不是它的诡计？现在竟敢大肆侵占东北，大施其帝国主义的暴行，什么飞机场、兵工厂都占了。”翌日传来的日军侵华消息更为凶险，说什么日军已兵抵北平、天津。聂耳跑下楼去，用了一个多小时才将《时报》上的相关消息看完。心里更加不好过，看来事情太严重，“日帝国主义的侵略，全是有准备、有计划的”。报上还有说什么“不过是下级警民的冲突，日政府对中国是没一点敌意的”，聂耳禁不住说道：“这种不可隐蔽的事，你到如今还要来欺骗人！”

九一八事变发生后，国民党内一片慌乱且又无能。当时，蒋介石坐镇南昌，忙于对红军的第三次军事“围剿”。面对国民党的不抵抗政策，聂耳冷静而理性地指出：发动侵华战争是日本蓄谋已久的，而且这是第二次世界大战必然会来的导火线。不要指望国际联盟，他们也不过是要谋取自己的利益。9月21日，蒋介石召集紧急会议，商讨对日方略：以日本侵占东北的事实，向国际联盟提出申诉，发布告全国同胞书，要求国人镇静忍耐，努力团结，准备自卫，并信赖联合国。接下来的几天，上海气氛异常紧张。日本商店门口竟堂而皇之贴出“庆祝日军占领沈阳”的标语；日本驱逐舰以保护侨民的借口来沪；虹口一带密布日警，扬扬得意地对华人做着骄态；还有日本人开着插有标语旗帜的汽车在马路上示威，同文书院的日本学生散布在各戏院、游戏场之中，横冲直撞。

国难当头，电影界风气看似开始变化。联华公司也成立了“联华同人抗日救国团”，并于10月4日，在光华大戏院召开第一次全会，到会150多人，全是联华公司的演职人员。看似颇有声势，但在聂耳看来，会开得有点失序，甚至有些荒唐可笑。“联华”上海分管理处负责人陶伯逊报告开会的理由，“扯得太远”，耽搁了很长的时间。“通过简章，简直闹得一塌糊涂，有的不懂开会常识；有的图得女子可以取笑，发表最无聊、最顽皮的意见；或是无谓的争执。这样一个严肃、感慨的会，哪里能容得你做那些浪漫行动？”

抗战的形势如此紧迫，艺术界的举动还如此儿戏，对此聂耳极为气愤。11月9日，聂耳得到赠票，到中央大戏院观看梅花歌舞团的表演，其中一幕话剧《一个铁血下的女性》，聂耳认为其“是一个以此次中日事件的一部分做出来的投机东西，剧情是本来的、清淡而容易动人。然而他们表演出来，总给人感到不够，应该有紧张的谈话时，却被一些很平淡的声腔减煞了本意。……更别提其他不合时宜的节目。”

“不合时宜的节目”，可见，此时在聂耳的心中，他关于文艺的观点日益明确：文艺有“合时宜”与“不合时宜”之分，所谓“合时宜”者，便是合乎时代、国家、人民之需要。否则，难道在炮火纷飞时，我们还要沉迷于“毛毛雨”的绵软？同时，有些问题他也在不断追问：文艺该如何表现抗战？文艺该如何合乎时代？自己该如何才能创作出适合时代需要的作品？

如果一时还不能创作出自己的作品，那么就关注时事，继续练琴吧。生活尽管拮据，他还是终于下定决心拜王人艺介绍的奥地利人普杜什卡为师。普杜什卡纠正了聂耳的手指、弓法和姿势的基本错误，然后叫聂耳从头拉起，这让聂耳倍感压力，甚至“出了一身大汗”。

他开始重新练以前的曲子，自省“从前总是乱来”，早上6点便起床拉琴，娴熟的琴技赢得了女生的叫好。11月7日，因借钱赎冬衣到小

提琴老师家晚了，有一个外国同学在上课，只能等候，这一等倒可以“在旁边看着他教，很可以揩一揩油”，聂耳于是提出今后改为在外国同学之后上课，并得到允许。他以精益求精的艺术精神要求自己，不时提醒自己拉琴要“慢！慢！慢！”，“Don’t make mistake（不要犯错误）”。

生活虽然艰苦，但当聂耳得知美国小提琴家海菲兹（Heifetz）——聂耳心目中的“世界第一的伟大提琴家”要到新光大戏院演出独奏时，却毫不犹豫地借了两块钱就去订票。12月2日晚，终于领略了大师的演奏，刚听完第一个节目贝多芬的《克来策奏鸣曲》，聂耳便“觉得情感的起伏太厉害，并且觉得那本领之高，真是我第一次大开眼界”。其中一曲全是断奏，大师“手腕不断地在摇，真佩服”！

勤学苦练之下，聂耳的演奏技艺突飞猛进。“因为前个礼拜拉琴错误太多，这礼拜特别用了功。今天上课，每个lesson都得到老师说声‘Very good’。”旁边带小孩的老头也称赞，当得知聂耳才拉了半年光景更是大为惊讶。聂耳的音乐信心由此鼓荡起来，但他又提醒自己保持清醒：“收着些！”“切勿疏忽目前一分一秒的努力！没有不会成功的。”同时，他对普杜什卡心怀感激，一个月后聂耳买了小圣诞老人银盾送给老师。12月31日，聂耳制订了新年计划：1.多看英文书和社会科学书。2.努力作剧本和作曲的工作。

除了琴艺上的进步，这一时期总是能够点燃聂耳的还有左联文艺刊物的观点。1月8日，他看了《戏剧与音乐》的创刊号，对其中的大众化立场极为认同，并以此为音乐的正当出路。他兴奋地在日记中摘录着书中关于音乐与社会意识关系的观点，直到深夜都无法入睡。

> 音乐是社会的意识形态，社会意识形态是社会心理的组合物。
>
> 同时我知道，所谓人类底意识也绝不是超一切的神秘的东西，先有了社会的环境中的物质条件而造成作家的感触而得的意

识，然后将这意识整理好，用五线谱、音符、演奏呈现出来。任是描写的花儿、月儿、山水，都算是宇宙的现实的东西，因此无论是自然界的感触，或作家主观的情感，都是在一定的时代生活必然所形成的，被时代、社会决定着的。

聂耳在急切地寻找着艺术的正确道路，然而战争的形势却更为紧迫。1932年1月28日，“一·二八”淞沪抗战爆发，蔡廷锴的十九路军殊死抵抗。聂耳知道他们曾有“湘赣剿共”的经历，他写道：“现在既有这样机会，当然只有和矮鬼干一干，要比打自己的弟兄好得多，也是他们唯一的出路。”这些敏感的话，后来被聂耳擦去了一行半。

当天下午，聂耳与王人美等一帮朋友一起步行到北四川路打探消息。一出门便见恐慌的气象：“店铺都关了门，甚至于大马路中外大小商店。战斗机旋绕天空，嗡嗡声不绝于耳。满街都是搬家的汽车、

1932年春天，上海“一·二八”战火弥漫处的聂耳

黄包车、小车，一看便知他们是自华界逃向租界来的。火烧房子的黑烟，有三四起之多，到北四川路看着，简直大得可怕。枪声忽断忽续地响。”

众人挤在靶子路口，看热闹。“乒乒乒乓乓乓！！忽然在不远的地方响了起来，好像就在‘奥地安’附近。一会儿只听见吼声，那一大群等待着的人如墙倒似的向一个方向飞跑。”聂耳在大马路买了份《大美晚报》，一面走一面看：北站被炸；商务印书馆起火；金利源码头掷炸弹，炸伤三人；日军死伤百余人……街上有工部局宣布戒严的布告，在北四川路还能看到“大日本帝国海军陆战队布告”，商店门口有的贴出“日兵犯境，罢市御侮”的标语，这才是中国人的心声。

回去的路上，王人美记得聂耳慷慨激昂地说：我们应该有抗战的音乐、革命的音乐，有抗战的舞蹈、革命的舞蹈。是啊，要用这些抗战的艺术去感染民众去激励民众，家国沦丧，怎能还在看热闹？可惜的是，聂耳日记并没有记下这段感触。他只写到当晚，“黎锦晖请满月客，在中社吃大菜，但觉喝酒不痛快”。不痛快，也许是因为这一夜在晒台能清晰地听到机关枪声响得更加厉害，战事好像越来越近，在民族危难之际，哪里还有心情喝酒？深夜，聂耳看着头上的月亮，他只觉得这明月被云遮住了，晦暗孤冷。他想到了早在云南时看过的小说《冲出云围的月亮》。他想要寻找心中的月亮，明亮的月亮，冲出云围，洒下清辉，驱散黑暗！明月，在哪里呢？

思考与寻找的过程虽然焦灼而痛苦，但是聂耳不会轻易放过自己。他说：“再想下去吧！至少也要对于自己的生路有个比较可靠的估量。你知道，一切都在转变了！”三天后，2月7日，聂耳的思考和苦恼愈加强烈。“怎样去做革命的音乐？”这已经成了聂耳整天思考的问题，但他所苦恼的是总是想不到一个具体的计划。但他已经对纯音乐的道路持否定态度了。

所谓classic，不是有闲阶级的玩意儿吗？一天花几个钟头苦练基本练习，几年，几十年后成为一个violinist又怎样？你演奏一曲贝多芬的《Sonata》能够兴奋起、可以鼓动起劳苦群众的情绪吗？

不对，此路不通！早些醒悟吧！你从前是怎样一个思想？现在居然如此之反动！

照世界现在的情势，你想能给你很顺利地每天拉基本练习吗？像此刻的混战，简直不能安心地工作，以后不知还有如何厉害的转变？！

聂耳深知，古典音乐无法唤醒民众。而随着战争不断扩大，上海电影界也遭到了重重的冲击，电影院停业，电影公司经营困难，难以为继。联华影业公司也不得不裁员，3月24日公司解散附属的歌舞学校，解雇全体团员。黎锦晖立即恢复重组明月社，自己担任社长，选出11人的执行委员制定经营管理制度，聂耳当选为音乐组执行委员。

国家的命运、“明月”的明天、个人的选择，这些问题盘桓在聂耳的心头，前路的不明朗让他心神不宁，他急于寻找答案，却找不到出路。4月21日，聂耳在日记中写道：“数日来胡思乱想，弄得神志昏乱。”明月社纪律之混乱随时可能导致社团瓦解，又让聂耳忧心忡忡：“现在外力的引诱实在不是这些懦弱的女子可以抵御的。老实说一句，她们不是受物质条件的支配吗？”

第二天，他早早起来，到青年会拜访了周伯勋，谈音乐、戏剧、电影，并向周伯勋打听起西安情况。周伯勋早就加入左翼文化阵营，马上说那里正缺音乐教员，以后可帮忙介绍。就是在这样关键的急于寻找出路的时刻，聂耳在周伯勋的介绍下见到了田汉。

1898年出生的田汉比聂耳大14岁，是中国戏剧运动的领军人物。他1917年东渡日本，求学于东京高等师范学校（后来改称“东京教育大学”），在校期间醉心于戏剧与电影。1921年，田汉与留日好友郭沫若等人创立文学团体创造社，后来单独发展，主持南国社剧团。

1928年，南国社进一步发展出南国艺术学院，学院成为拥有文学、绘画、音乐、戏剧、电影五个方面的教育机构。田汉与谷崎润一郎、佐藤春夫等许多日本作家有广泛交流。

1932年4月22日，一个平平常常的日子，聂耳第一次与田汉见面。此时34岁的田汉风华正茂，他在见到聂耳的前一年加入共产党，是上海许多进步青年心中的“田老大”。田汉是中国左翼戏剧家联盟的党团书记，剧联的目标是团结上海进步的戏剧工作者，开展文化斗争以坚实革命的基础。多年后，田汉回忆起当时的初次见面，依然对各处细节记忆犹新：

> 1932年春的某一天，我在上海黎锦晖主持的明月歌舞团里，会见了一位从事音乐工作的青年聂紫艺。
>
> 那是一个弦歌满耳、衣鬓相接的环境。我们找了一个僻静的房间，做了一次亲切的交谈。这位二十一二岁的青年来自辽远的西南边疆——云南省，有着不平凡的经历。他有一位勤劳贤惠的寡母，他自己从小爱好音乐。中学毕业后，他离开家乡，闯荡江湖，在湖南、广东当过一阵子大兵。在广东还考进著名戏剧家欧阳予倩主持的戏剧研究所，住过很短的日子。两年前，他同一位云南商人来到上海，后来考取了明月歌舞团，当小提琴手，恢复了他对音乐艺术的追求。
>
> 他像许多贫苦学生一样追求革命。由一位进步的同乡学生的介绍，他参加了当时的进步组织“上海反帝大同盟”，在上海西区一带做过群众工作。他想找中国共产党，想学习更多的革命理论，知道更多的国内外形势。他爱音乐，他迫切想掌握音乐技术、小提琴和作曲；他想知道通过这些音乐武器能为革命事业做些什么。
>
> 在谈话的最后，他说，他也爱明月歌舞团，这里的艺术青年们还是有生气的，但他不满意黎锦晖的领导。他认为黎的某些

黄金搭档：聂耳与田汉

不健康、不严肃的倾向毒害了这些生气勃勃的青年，使他们失去了对封建事物的冲击力。

之后，我们的联系频繁了。我介绍他参加另一进步的文化团体“苏联之友社”的音乐组。

与田汉的相遇，决定了聂耳作为革命音乐家的命运。“田老大”成了聂耳音乐创作与革命道路上的引路人。碍于国民党政府在文化上的“白色恐怖”，聂耳没有在日记中详细记录这次会谈，但是他第二天的日记开头明确地写着“才是出路”几个字。路在何方，聂耳心中已经有了答案：走中国共产党的道路，为人民而歌，为国家而歌。这一信念牢牢地扎在聂耳心中，再没有变过。后来，田汉与聂耳合作创作出许多经典名曲，被称为“黄金搭档”，《义勇军进行曲》是其中最辉煌的篇章。

此时，依然没有实质改变的明月社按照原计划赴南京、汉口巡回演出，演出遭遇前所未有的失败。在归途的客船中，聂耳于6月1日的日记里总结：“节目不良，嗓子坏，布景褴褛。临时换人，使观众不起好感，大嚷退票，在京、汉留污点。”多年之后，王人美这样回忆当时的演出：“1932年5月我们的江南巡回演出以失败告终。失败的原因自然有国民党党棍和丘八的欺压、破坏，更重要的是我们失去了青年人的支持……”

与时代脱钩、失去了青年人的支持，这让聂耳痛下决心，与“腐朽”的音乐告别。从这时起，要创作革命歌曲的念头已经牢固地埋在了聂耳这个具有革命热情的青年心里了。

回到上海，明月社忙于筹拍歌舞片《芭蕉叶上诗》。聂耳对于这部依然以多角恋爱为主线的影片有诸多不满。7月13日，《时报·电影时报》刊发了“黑天使”《黎锦晖的〈芭蕉叶上诗〉》一文。

“黑天使”假称在南京看过“明月”演的大歌舞剧《芭蕉叶上诗》，感觉“大失所望！”又闻讯要拍摄同名电影，“黑天使”设法打听，对方澄清南京上演的只是该片中一部分吃醋的故事，并表示电影“里面有激烈的战争，有伟大的恋爱，有紧凑的穿插，有美艳的歌舞，有滑稽，也有眼泪，更有爱国的精神”。然而，“黑天使”却一针见血地指出，看似包罗万象的《芭蕉叶上诗》不过是个投机取巧的拼盘。他又顺势希望黎锦晖实践自己的承诺：“任凭加上三、四、五、六角恋爱的穿插”，“声片之材料则以‘自卫卫国为枢纽’”，“总须显到以至国难临头的暗示”，并就此预祝该片成功。

就在《黎锦晖的〈芭蕉叶上诗〉》见报后不到十天，《电影艺术》第三期又发表了一篇以“黑天使”为笔名的文章。这篇文章的批评矛头直指黎锦晖，语言更为犀利直接，全文如下：

电影艺术，本不应该谈起歌舞，但看有声片里，似乎有着很多用处，无妨就此叙述叙述。

说到中国的歌舞，不免想起创办这玩意儿的鼻祖：黎锦晖，不怕苦，带领了一班红男绿女东奔西跑，国内国外，显了十几年的软功夫，佩服！佩服！

香艳肉感，热情流露，这便是十几年来所谓歌舞的成绩。

口口声声唱的是艺术，是教育；然而，那么一群表演者正是感着不可言状的失学之苦，什么叫社会教育？儿童教育？唉！被麻醉的青年儿童，无数！无数！

黎锦晖的作品当中，并非全是一塌糊涂。有的却带有反封建的元素，也有的描写出片面的贫富阶级悬殊；然而，我们所需要的不是软豆腐，而是真刀真枪的硬功夫！你想，资本家住在高楼大厦大享其福，工人们汗水淋漓地在机械下暗哭，我们应该取怎样的手段去寻求一个劳苦大众的救主？！

《夜花园里》是卖文者感到劳苦大众的痛苦；《小利达之死》便写了一点点贫富的冲突。所以，我之对于歌舞和那鼻祖，还有着一线的希望之路。

今后的歌舞，若果仍是为歌舞而歌舞，那么，根本莫想踏上艺术之途！再跑几十年也罢！还不是嘴里进，屁股里出？

贫富的悬殊，由斗争中找到社会的进步，这事实，谁也不能掩护。嗳哟哟！亲爱的创办歌舞的鼻祖哟！你不要以为你有反封建的意识便以为满足！你不听见这地球上，有着无穷的一群人在你的周围呐喊，狂呼！你要向那群众深入，在这里面，你将有新鲜的材料，创造出新鲜的艺术。喂！努力！那条才是时代的大路！

（原载1932年7月22日上海《电影艺术》第三期）

这篇文章以“香艳肉感，热情流露”八字概括黎锦晖的艺术道路，并指陈其对“社会教育”“儿童教育”的无益，“被麻醉的青年儿童，无数！无数！”尽管“黑天使”承认黎氏创作“有的带有反封建的元素，也有的描写出片面的贫富阶级悬殊”，也认为“还有着一线的希望之路”；然而，他还是一针见血地指出“我们需要的不是软豆腐，而是真刀真枪的硬功夫！”并以当头棒喝的口吻疾呼：“喂！努力！那条（向人民中去）才是时代的大路！”

这篇言辞激烈的批评文章一经刊出，便引起了整个明月社的纷纷议论，大家都在讨论谁是“黑天使”。很快，大家把怀疑的矛头指向了聂耳，聂耳早已在多处表现出对黎锦晖的不满。聂耳明显地感觉到大家对他的态度有所变化。“大部分人好像都知道黑天使是我”，聂耳听话听音，觉得社友“说话时都是带有刺的”。但是，这不会让他动摇，早在6月28日，在给母亲的信中，聂耳便斩钉截铁地说：

> 我是为社会而生的，我不愿有任何的障碍物阻止或妨害我对社会的改造，我要在这人类社会里做出伟大的事业。

而在“明月”的内部，大家却因为“黑天使”事件颇为慌乱。黎锦晖让他兄弟黎锦光写信去杂志社质问“黑天使”。桌上摆着第3期《电影艺术》，那篇文章上画着许多记号。

聂耳不怕被怀疑，也不怕反驳，倒是希望“这种斗争尽量地扩大起来，因为没有斗争是不会进步的”。他在日记中写道：“我的确要起来挑战，也就是想由这种斗争找出一条歌舞的新出路来。”

此时，聂耳也未想与明月社彻底决裂，他也依然跟黎锦晖讨论一部题为《浮云掩月》的小喜剧剧本，聂耳认为“在趣旨上好像比《芭蕉叶上诗》更耐人寻味”。同时，他也做了最坏的准备：“要是这事闹到感情破裂，或是他们对我不大满时，我实在有一走的必要。因为这样地鬼混下来，精神上是会受痛苦的。况且理智地说一句，我实在不该和这般没有希望的人去鬼混，我要做的事还多着呢！我是一个革命者，在这样的生活中，已经是该打屁股……切实点说，他们不会让我轻易地走吧！也许不至到这一步！”夜晚，聂耳为此辗转反侧，但他又坚定地相信：“我的中心思想是不会变更的了。”

8月2日，黎锦光写好了给“黑天使”的信，聂耳决定向黎锦光“摊牌”。

“你给黑天使的信发了没有？”

“没有邮票！”

“不要麻烦了吧！请交给我，我就是黑天使！”

面对聂耳的坦诚，黎锦光的表情反而不自然起来，开始还有点不想把信交给聂耳。聂耳说：“你还不放心我吗？我定会交给编辑先生呢！”黎锦光只能把信给他了。

8月5日，明月社召开全体大会，讨论“黑天使”的问题，没有让聂耳参加。聂耳便知道他是时候要离开了。

聂耳为自己想了三个去处：云南、陕西、留在“联华”做电影。最终，他决定到北平转一转，并于当天与黎锦晖进行了面谈。聂耳与黎锦晖虽然对于艺术的见解不同，但直到最后，两人的私交并不差。只是，道不同不相为谋，聂耳与自己的老师再也无法一起共事。

8月7日，聂耳早起收拾行李；“空气异常惨淡”，聂耳就这样离开了上海，并在《新闻报》上刊登了一则启事：“因志趣不合，自愿脱离明月。”

漂泊途奏响清华

初来北平，在一群来自云南的革命友人的陪伴下，聂耳度过了一段丰富精彩的时光。他考察了中山公园、什刹海等传统风景名胜，又去天桥下、戏班里吸收民间艺术的养分。此行的高潮是在清华大学演奏《国际歌》，这首激情昂扬的革命斗争歌曲受到了台下右翼势力的反对，聂耳不畏险难、据理力争，终于以小提琴独奏的形式让《国际歌》在清华的舞台上华丽奏响。

北平生活

上海的明月社尽管群星璀璨，却始终没有出现聂耳心中那轮明月。他决定离开上海的明月社，往北去寻找他心中的明月。1932年8月7日，聂耳乘坐的轮船缓缓驶离上海港，驶向天津港口。此行的目的地是他向往已久的古都北平。聂耳虽然从没有到过北平，却对它有一种熟悉之感，好像在梦中见到过一样。海面的波涛就仿佛他时而激起的心潮。站在甲板上认真聆听这波涛的旋律，当眺望前方，迎接风浪的时候，聂耳感觉到北平的生活已经向他扑面而来。

11日，轮船驶达天津。天津也值得盘桓考察，然而聂耳所带经费不允许他在此地多逗留。于是他便在天津火车站乘车，即刻动身前往北平。不多时，火车已经驶进北平前门火车站。此时已过中午十二点半，他的肚子开始咕咕叫，但发现找不到合适的地方吃饭。他迅速拦下一辆洋车，奔向宣武门外校场头条3号的云南会馆。

云南会馆是一个专为接待云南学生到北平报考学校暂时住宿的招待所，环境比较简陋，住的大多是像聂耳这样的青年学生，其中不乏进步青年、革命党人。也有个别外地来的富家子女，来北平见世面，在这里等待进入大学，混张文凭。除此而外，还有极个别反动派的特务机关情报人员。聂耳对各路人员的来头都极其敏感，初来乍到，不待和对方说上几句话，就知道他们待在这里是干什么的。

1932年在北京云南会馆里，聂耳与同乡陆万美等人合影

聂耳住在会馆的1号房间，2号房间恰好住着陆万美。聂耳和他在昆明就已经认识，他此时是中共的地下党员，在北平左翼文化总同盟任常委，负责和剧联、音联的联系工作。聂耳此番和他作为邻居，彼此都感到高兴和话语投机。不待聂耳亲自查探，就经由陆万美的嘴得知，许强、陈钟沪、张天虚、李纯一他们几个，竟然也正住在云南会馆里。云南会馆里面就好像革命青年大团圆一样。

没等聂耳放下行李安顿好，他们几个就争着和他谈话。其中要数陈钟沪最为积极，给聂耳介绍北京各处游览的景点，豪迈地宣布聂耳在北京的开销都包在她身上。聂耳趁机打趣她说，“你是资本家的千金，你的资产我可消受不起”。陈钟沪聪明地回应说，她是恩格斯那样的资本家，所有的资本都是为了革命作贡献！

当晚，几个年轻人一起游览了中山公园。逛到一座音乐亭的当口，陈钟沪再一次对聂耳表示了热烈的欢迎，并提议他这个“音乐家”每晚为大家演奏以提高演奏水平。聂耳说这样不公平，这里会乐器的又不止他一个。许强于是提议：“何不在会馆里开展‘联欢晚会’？”大家纷纷表示赞成，一路逛着一路开始编排节目，欢声笑语就这样飘洒在北平八月的夜里。

回到会馆已经是晚上十点多了。这时聂耳的心里出现一丝悒郁，原来是想起今天的琴还没有练。于是他打开琴盒，拿出心爱的小提琴，这时候才发现少了一个乐谱架。他可着急了：怎么办？不能一天不练琴。对一件事情有兴趣和十足的决心就总能找到办法！于是他把琴谱夹在窗户的缝隙里，可没拉几个音，就倒了下来。最后他索性把谱子粘在墙上，拉完一面换下来再拉另一面。这样可不能撑太久，第二天一早起来聂耳赶紧动手用破木板做了一个乐谱架。没人来找他的时候，他就一个人在小屋里拉琴。

谁知这1号房间不仅小，还又黑又潮，弥漫着一股浓郁的霉味，简直是音乐家的地狱、蚊虫的天堂！不知不觉，他的腿上、胳膊上、脖子上、脸颊上，全被叮起了包。不得已，他只好给蚊子们让出地方，自己躲到外头的槐树底下，继续拉琴。朋友们看见聂耳这样，气愤地说不能让蚊子这样继续“剥削”他，于是李纯一给他拿来了熏蚊虫的香，许强给他拢了一顶罩子状的蚊帐。在友人们的照拂下，聂耳才免于继续被蚊子“剥削”的命运。

虽然暂时逃过了蚊子的“追杀”，身体还算强健的聂耳，初来北平，还是病倒了。一天傍晚，和朋友们吃完晚饭的聂耳，正准备坐下来乘会儿凉，刚一坐下，腹部便开始胀痛。不一会儿，他的脸色开始发白，胀痛演变成了绞痛。朋友们纷纷围拢来，问他发生了什么事。大家先是以为聂耳肠胃不好，吃坏了东西。许强凑近看，觉得情况不容乐观，怕不只是拉肚子那么简单。许强替聂耳请了大夫来看，看完以后确诊是患上了痢疾。

刚来北平，就得了痢疾。这可给在北平的朋友们的心情的天空上轰了个霹雳。痢疾之症容易缠绵，聂耳心中郁闷，心想：“我一得了这个病，不仅大家没法聚会了不说，他们还都很担心我的学业，因为他们知道我此次来北平的主要目的是求学。”阴霾笼罩了云南会馆，许强却二话不说，决定搬到聂耳的房间来护理他。

这种病不是没有传染的风险，聂耳多次劝说许强不要这样做，他的好意自己心领了，如果把他传染上自己会更加难过。可是许强一再坚持，说他什么大风大浪都经过，这点小毛病耽搁不了他。就这样许强搬进了聂耳的房间与聂耳同住。多次陪聂耳出去看病，又请人到会馆里为他诊断病情。面对聂耳的症状反应，许强没有退缩，没有表现出不适，聂耳在心里很感激他。正是在许强精心的护理之下，在他坚持寻医问药的帮扶下，聂耳的病才没有一直拖下去，而是在最短的时间内痊愈了。

在聂耳身体大好以后，聂耳最亲密的朋友、青年作家张天虚提出带聂耳去看富连成的京剧演出。富连成是当年北平最负盛名的京剧班子。该班的创办者牛子厚、叶春善先生创班时便确定下了“喜连升（原名富连成）只为梨园续香火，不为自己图钱财”的办班宗旨，最终培养出了如侯喜瑞、马连良、谭富英等一大批京剧名角，乃当之无愧、名副其实的近代“京剧大师摇篮”。

因其训练过程极为严格，且特别注重道德品格的养成，因材施教，饰演生旦净末要根据科班弟子的性格。正因富连成有这样醇厚的底子，开班第一年便红透了全北平。张天虚一提出，聂耳当即同意。

聂耳认为青年人不应该沉溺于风花雪月的靡靡之音，当初选择离开明月社，现在却觉得自己应该更了解咚咚咚锵的富连成社，不仅因为它的铿锵声气，更因为自幼生长在云南，受到热爱民乐的母亲影响的聂耳对一切民间的、富有民族特色风情的音乐都情有独钟。事实上，聂耳经历过非常广泛的学习，他勤奋地学习各种音乐理论知识，研究各地的民歌、戏曲，钻研和声学、作曲法，研究汉语声韵学，同时学习音乐创作。聂耳后来的名曲《金蛇狂舞》便是根据民间乐曲整理而成的。

看过叶先生精湛的演出，他们又来到天桥，听民间艺人的演唱。这里不仅能看到各式各样的老北平民间艺演，还能闻到“工人们、车夫、流氓无产阶级的汗臭”。聂耳喜欢这种环境，这令他觉得亲切踏实。他真切地感觉得到他能够从下层苦难艺人身上吸收营养，这不仅是丰富自己的艺术积累，更重要的是它令某种沉淀在自己血脉之中的东西得以贯穿流动。北平普通老百姓誓死不做亡国奴的呼声，深深地感染了聂耳，给他激情，让他振奋。

回到会馆以后，朋友们并不看在聂耳经过了一天的参观学习以后的份上而减少玩兴。晚饭后，陈钟沪向大家宣布因为聂耳前段时间的病而告拖的“联欢晚会”即将重新发起。现在想来，作正儿八经的乐器演出太严肃了，既然是联欢晚会，那么就以大家玩得欢畅为要，因此大家要不拘名字体例随性表演，各人都要演一出，不管各种笑闹都作数。

病愈不久的聂耳，觉得这个轻松的艺术活动简直好极了。于是他收起了槐树下优雅的提琴，开始给大家表演起老家最经典的“玉溪跑堂”。聂耳操起这里人人亲切熟悉的云南口音，把晒在院里的毛巾顺手提过来往肩上一甩，扮演跑堂者跑来跑去，忙前忙后，把各个人都招呼了一遍，不一会儿，又扮演民间艺人往凳上一坐，做出滑稽的姿势，看得大家前仰后翻，忍俊不禁。

当完了小地方的跑堂，他又跟从大家的建议出去见世面，开始了“周游世界”。他拿起小提琴当飞机：从北平飞到莫斯科，又从莫斯科飞到巴黎；又从巴黎飞到纽约，从纽约飞到日本海滨；又从日本海滨飞到上海，从上海飞到昆明。其间，他东一句字正腔圆的普通话，西一句弹舌头的俄国话，有时又冒出一句英语；笑得他们一个个东倒西歪，捂着肚皮求饶。

自“联欢晚会”以后，云南会馆里欢声笑语不断，这方天空里回荡的都是青年人欢快的歌声，那是关于青春和理想、信念与激情。聂耳也越发意气风发了。

这一天，聂耳一行人来到什刹海考察。什刹海是老北平最热闹的地段。这里曾是漕运终点、商业中心。常常是湖内商船蔽水，岸上车水马龙。明清时逐渐建起了佛寺神庙，王公贵族也纷纷来此修筑别墅宅院。旗人好吃什么好玩什么，这里就都一应俱全。聂耳对这个地方印象很深，他也欣赏这种风光无限、热闹非凡的氛围。大凡真正的大艺术家都是既好静又好动的，既享受寂寞又热爱繁华，难得的是这里往来游玩的市民不断，富有市井生活气息。

望着宽阔水面上铺满的荷花，聂耳陷入沉思。一旁的天虚看到后，他不禁莞尔一笑，聊起这里昔日的繁华和元明清时的文人墨客来。他一向尊崇“不要人夸好颜色，只留清气满乾坤”的王冕气节，便笑着对聂耳说：“我崇敬王冕的为人，也欣赏他的诗歌，‘燕山三月风和柔，海子酒船如画楼’写的就是当日此地的风光。”聂耳笑道：“三月风和柔固然美好，但是这盛夏风情不是别有韵味？”

“耳朵先生说得对极了，这里短暂的春月的确清和宜人，但是夏日里才是市民争相聚拢消夏避暑，观赏荷花，发现野趣，吃喝游购，观看文艺演出的好时节！”说着就有人拿来西瓜、香瓜、冰镇的酸梅汤。聂耳前些日子痢疾才好，这回怕又吃坏了肚子，微笑着婉拒了，只说待会儿喝一点荷叶粥和这海子里出的白藕就行。

一行人参观了北平城里最热闹的“荷花市场”出来，尝了饭食茶点和各种小吃，又来到后海边上赏荷。满池的荷花分外妖娆，却让这些心怀家国的年轻人的心中升起不平感慨来！

“这里差点就被皇家一直独霸了去！慈禧曾经下令这里所有莲

聂耳（左）与友人在北平颐和园留影

花叶藕都要严加看管，只为留下给他们欣赏！这荷花荷叶莲藕都是宝贝，能给附近的百姓带来多少收益！就为了皇上皇后要赏玩，就谁都不许去动它了！”

“历代朝廷的统治者都下令要多种荷花，因为荷花象征‘和和美美’。封建统治者就是靠这一套来欺骗人民的，现在日本人都打进来了，竟然还有这么多人保持这种腔调！”

最后还是陈钟沪劝说大家不要被那些人影响了心态，花儿本身没有错等等，大家才放下此事。此时天色向晚，按之前的安排本来是该回会馆了，聂耳却忽然提出要去看看离此处不远的清华园。这是聂耳一来北平就惦记的事情。

一行人从二号门进入清华，此门为1911年建成的仿文艺复兴券柱式大门，门楣上书刻着“清华园”三个大字，为清华大学最具代表性的标志性建筑。原来所谓的“清华园”最早是清帝国皇家园林的一部分，后清政府战败，美国用庚子赔款在此建清华学堂，辛亥革命后更名为清华学校，1928年更名为国立清华大学，园中不少老建筑都是当年美国的建筑艺术设计师仿照当时美国的大学设计的。尽管清华的建筑风格多元，聂耳却独为这些欧式风格的建筑所吸引。

这里的一切对聂耳来说，不管是与他自幼生长的环境还是与他身上那种贴近乡土和人民的气质，都是颇为迥异的，但是对作为一名优秀的提琴手、一名现代作曲家的他来说，这些又是亲切统一的。有人说，建筑是凝固的音乐，此刻在这里演出的乐章，也恐怕只有他最能欣赏和领会。

天色更加暗了，前方的建筑渐渐看不清楚了，一行人从另一道门走出了校园。聂耳在心里打定主意明天再一个人乘车到这里参观。

第二天，聂耳再次前往清华，洋包车颠簸了一个多钟头才到。到达时是白天，光线好，聂耳又仔细参观了昨天晚上已经看过的大礼堂、图书馆和科学馆，不知不觉产生了一股向往的“玄想”：“要是我现在是里面的学生，我将会很自由地跑上大礼堂去练习音乐，到图书馆去读书，到运动场去打球……”参观完了清华，他又来到了对面的燕京大学。

参观两所大学又勾起他心底对学业问题的考虑。

淬炼琴艺

清华就好像是聂耳梦想中的那轮明月，可他又觉得想上清华大学恐怕不现实！这种“贵族学校”哪是聂耳这样的清贫学生念得起的！可是他来北平不就是为了学习深造音乐艺术的吗？如果此时不入学又何时入学呢？如果要在北平入学的话，国立北平艺术专科学校看来是他最佳的选择了。① 可是这里的学费哪怕只有清华的一半，聂耳也很难负担得起啊！

在北平长期生活下去，生活费和学费都没有来源。陈钟沪曾说过聂耳在北平的一切资费她都包了，可是聂耳在北平的这些时日她都已经帮助了不少，让她来替自己筹学费这种事情聂耳是万万做不出的，当日聂母定的规矩里就有不能随意接受别人的钱财！

当然钱还不是最主要的问题。“想想我从昆明高师已经毕业好几年了，这几年的时间一直忙于生活、忙于接受革命洗礼，都没有系统复习过功课，考试哪有把握能过呢？再者，住在会馆里，每天都有很多朋友来拜访，又不好拒绝他们的热情的；这样一来就算即刻开始复习，也不能保证顺利通过考试啊！”想到这里，聂耳不禁皱起了眉头。

他的这些想法朋友们后来都知道了。大家都鼓励和支持他报考国立北平艺术专科学校，让他只管去考，其他事情都不必担心。于是聂耳来到北平大学艺术学院报了名，准备参加考试。

“文化课”的考试一共有四科，党义、国文、数学和英语。党义一科，聂耳选择的题目是《国难期中研究艺术的学生之责任》。国文

① 原国立北平大学艺术学院，1930 年改为国立北平艺术专科学校。

考试，聂耳写作了《各自理想的精神之寄托》。数学考试是代数、几何、三角各两题。英语考试题目的要求是用英文作一篇描写北平的散文。聂耳的英文水平是很好的，加之在北平生活了这么些时日，对北平已经很熟悉了，因此英语一科不在话下。考试结束后，聂耳觉得自己答得不错，应该是有望被录取的。

然而学校出榜的那一天，聂耳跑去看，结果却很失望。在他过往的人生经历当中，任凭哪一次考试都是以优异的成绩排在前三的。这次却没有被录取，这对他来说是一个不小的打击。回去以后，聂耳做了一次自我反省。他告诉自己做任何事情都要有坚定的信心和毅力，认真严肃对待，作最大的努力、最充分的准备，千万不可以抱侥幸心理！当然，那个时候的聂耳并不会想到其实自己的成绩是够的，只是自己充满革命激情的作文并不符合国民党教官的口味。

“皇榜”没有上，音乐还要继续学，小提琴演奏水平还要提升。小提琴这种西洋乐器是在1930年左右才开始在中国有所传播，聂耳在几年之前也就是1931年才好不容易得到一把质量相当普通的小提琴，在上海的时候跟随与之同龄的“小老师”王人艺学琴，每天苦练，一天至少“恶补”七个小时，被称作业内的“拼命三郎”。

在上海群星荟萃的明月歌舞剧社，聂耳是璀璨“明月”旁边的一名小提琴练习生。聂耳会演奏不少种类的乐器，在所有的乐器中，他最看重的就是小提琴，对于自己的小提琴技艺有着很高的希冀。而作为一种新传入的西洋乐器，需要来自西方的大师开展教学工作，方能促进小提琴艺术在我国的发展。当时在华的俄侨中不乏杰出的音乐家，在小提琴方面有嘉祉和托诺夫两位大家先后来到北平。

1930年9月，托诺夫任教国立清华大学，主授小提琴和钢琴，一度担任清华大学音乐室主任，负责学校西乐部，兼任清华乐队指挥。当然这些名教授除了在学校任教以外，还以私人授课的方式招收学生。

在北平东单转北的外国人住宿区，聂耳找到了俄国小提琴家托诺夫。

这次聂耳拜访音乐教授，仍由许强、陈钟沪陪同。受过西方教育的陈钟沪率先用俄语和托诺夫打招呼并介绍了聂耳他们：“您好！托诺夫教授。我叫陈钟沪。这是我的朋友聂紫艺聂耳先生，这位是许强。”

托诺夫用俄语说了句“你们好”并和他们三个握手。接着陈钟沪又用俄语介绍了他们的来意和聂耳的情况，听完以后托诺夫转过头来看着聂耳，和聂耳说话，用的是普通话，他有意展示了自己的中文水平，以示大家他可以用中文来交流。

聂耳介绍了自己的从艺经历，表明了自己学习的热情和决心。托诺夫对他表示欢迎，大家约好了下次来上第一课的时间。

托诺夫同时也是我国著名小提琴演奏大家、民族音乐的改良者刘天华和另一位聂耳同时代的人民音乐家、红色音乐先锋冼星海的小提琴老师。聂耳之前的“小老师”王人艺也曾是托诺夫的学生。托诺夫是一位要求相当严格的老师，不仅不能出错，每次上课的曲谱必须背会，课堂要像“赴演奏会一样庄严”，而且课后还有海量的作业。

托诺夫特别看重基础练习。托诺夫一开始就看聂耳是一个很有天赋的年轻人，但仍教他从基础的部分练习，教他音阶和小调的拉法。后来加上贝多芬第九小提琴奏鸣曲《克罗采》和意大利小提琴家维奥蒂的第22号《a小调小提琴协奏曲》。聂耳非常谦虚仔细地听了老师的建议，他发现老师要他在基础的部分改进的很多地方都是对小提琴的演奏大有帮助的，聂耳用心揣摩了老师指出的地方并加以练习，他在日记中记下了他的“学琴须知”：

全弓一定要弓屁股到尖。用全毛，手腕是平的。慢！慢！慢！

在家注意小节练习，到课堂教功课，不能有半点错。闲时别乱拉，慢拉scale或者背练。

换弦时小指需压紧前弦，尽可能慢慢放开。

看到聂耳学琴已经初有成效，出错的地方已经很少，托诺夫又让聂耳拉莫扎特的《小舞步曲》和萨拉萨蒂的《流浪者之歌》。这两支曲子聂耳都很喜欢，收到老师布置的任务后，聂耳便开始不分昼夜地揣摩和练习。

在聂耳看来，莫扎特的《小舞步曲》欢快俏皮，乃至于有一些妩媚，《流浪者之歌》却是时而忧伤时而激昂的。他在练习的时候在这两首曲子之间来回切换，产生了许多的体会。

听了聂耳的发言后，托诺夫严肃的脸上难得地流露出了笑意。他对聂耳说《吉普赛之歌》（《流浪者之歌》的另一个名字）也是自己最喜欢的乐曲之一。于是托诺夫开始热情洋溢地讲起了萨拉萨蒂其人和《吉普赛之歌》的创作背景，这其中有些是聂耳已经知道的，有些是听了老师讲才明白的。

托诺夫又提起自己的老师——俄国小提琴教育大师奥尔。他对聂耳说："我的老师奥尔先生曾经对我说，萨拉萨蒂拉琴轻快自然，两只手的运动和配合总是那么自如，他的表演自始至终就像做游戏那样轻松，可是听起来却是那么理想。他是个多么走运的家伙呀，不像我们整年整月地当小提琴的奴隶，有一天不练琴就不行，可是他呢，根本用不着练琴，每天在那里舒舒服服过日子。"

聂耳回应道："莫扎特六岁就作出世界名曲了，也没听说过是谁教他的呀！"听了聂耳此言，托诺夫忽然幽默了一次："幸好世界上只有很少量的莫扎特、萨拉萨蒂们的存在，不然像我这样的人就要失业了。"

聂耳谦虚地说："有了您的指教，加上刻苦而坚持的练习，争取能达到萨拉萨蒂的一半。"

"琴要拉得干干净净，演奏应该无拘无束，流畅而辉煌，这是萨拉萨蒂教给我们的。"

学习结束回到会馆后，已经是晚上九点多钟了，聂耳还在那棵槐树底下不懈地拉奏着小提琴。现在刻苦练习的是萨拉萨蒂的《吉普赛之歌》，谁承想，未来的“中华民族之歌”也是从这把小提琴上诞生的呢？

取得了自信心以后的聂耳就像是得到了那轮明月在心田中常常相伴。聂耳每周上课两次，由于他课前刻苦的训练和认真的准备，所以每次去托诺夫住处上课的时候琴都拉得特别好，老师听了很满意。

聂耳心想，拿出成绩来，让老师看见，或许可以争取免费上课。聂耳能在心里打这样的主意也实在是不得已，因为学费太高了，一个月十六块大洋，这对他这样的穷学生来说无异于天价。他也是万分拮据，加上朋友的资助才勉强交出了第一个月的学费。

高尚的老师给诚心求学的学生免费授课，看起来好像是情理之中的事，哪知只是聂耳一厢情愿的看法。托诺夫并不同意免费授课。像富连成那样“只为培养梨园子弟，不为赚取出场费”的做法，固然是体现了中华优秀传统美德，但在西洋人看来：你聘请我为你工作，你付给我薪酬那才是天经地义的；虽然是聘请我做你的老师，但还是聘请我为你工作，怎么能够免费呢？

由于无力负担高昂学费，聂耳想到了退学。朋友们为他中止学业惋惜，又帮他凑了些钱。然而聂耳在北平左翼音乐联合的工作渐渐加紧了，时间太紧，他只好到托诺夫那里，婉言退学。而托诺夫带着遗憾对聂耳说道：“你是一个顶聪明的孩子，你将来的提琴会拉得不错的。”

原来聂耳来到北平，一早就通过陆万美、张天虚他们暗地里和左翼进步文化工作者频繁接触。通过交换意见，聂耳决定在北平参加中国共产党领导的左翼文化运动。聂耳在北平加入剧联工作，为剧联机关报《戏剧与电影》撰稿，参加排练高尔基的《夜店》《血衣》《起来》等节目，参加中共地下党组织的“飞行集会”，加入游行队伍，高喊着口号，砸了国民党市党部的招牌……

在积极参加各项斗争的同时，聂耳也不忘刻苦练琴，研究各国革命斗争中涌现出来的优秀革命乐曲。其中最受他青睐的是法国的《马赛曲》和俄国的《国际歌》。这两首歌后来分别成了法国和苏联的国歌。聂耳也每每在晚饭后奏起《马赛曲》，这是一首有魔力的乐曲，让人一听就鼓起了战斗的勇气和不怕牺牲的精神。聂耳会边听边想着自己何日才能为祖国贡献出一首这样的歌曲呢。

这一天，聂耳结束在“左翼”的工作回到云南会馆以后，得到一个消息：马哲明在北平大学二院演讲《陈独秀与中国革命》。正在吃晚饭的聂耳立刻放下手中的碗筷，约了两个朋友赶到北平大学，到了那里才听说演讲的地方改成了朝阳大学，他们又匆匆来到朝阳大学。

进入讲堂，只见人山人海，到处都是热衷政治的青年学生。马哲明的演讲十分精彩，他从五四新文化运动讲到陈独秀对马克思列宁主义的传播，又从中国共产党的成立讲到国共第一次合作；讲堂里掌声雷动，学生们的革命热情高涨。可是空有热情是不够的，聂耳的目标是为中国革命，为抗日救亡做一些力所能及的实事。

1932年9月，聂耳到北平参加左翼戏剧家联盟演出及左翼音乐家联盟组建时，在宣武门外的云南会馆与乡亲们合影

很快机会来到。清华大学毕业同学会为给东北抗日义勇军募捐，特邀北平剧联的“芭莉芭剧社”（俄语的“斗争”剧社）到清华大学演出。这不论是在聂耳的个人历史还是在清华大学的校史上，甚至是在中国的红色艺术史上，乃至是在中华民族的红色记忆里，都是不可或缺、珍贵闪耀的一天。

清华演奏

聂耳和他的朋友们当天下午五点半钟起身，沿西直门坐洋车去清华大学。聂耳兴奋异常，脑海中一直回旋着当晚将要演出的《国际歌》。聂耳在上海的时候就仔细研究过《国际歌》的旋律，并常常在公共场合高声演唱，招来旁人异样的眼光。清华学生自治会的主席张露薇一开始也让他们不要奏这种“反歌”，可是“芭莉芭”据理力争，张露薇才同意。

看起来聂耳心情不错，陆万美打趣道：“好青年！好青年！”

聂耳不理睬，仍旧激情昂扬地唱着：“这是最后的斗争，团结起来到明天……”

聂耳忽然停了下来，盯着前方正色道：“没错，我已经和母亲说过：‘我是为社会而生的，我不愿有任何的障碍阻止或妨害我对社会的改造，我要在这人类社会里做出伟大的事业。’”

“说得好！打破锁链，为解放全人类的事业不懈奋斗！”

几人就这样一路畅聊着，而洋车不知不觉间已经来到了清华。

一行人通过正在建设当中的西校门进入清华，经过西区体育馆，看到一座采用西方古典艺术风格的建筑，依稀可见馆内陶立克式的花岗岩柱廊，聂耳的心霎时间又被这股扑面而来的西方古典美俘获，可是忽然间，一尊美国总统罗斯福的头像映入他的眼帘，他奇怪地问道：“这位先生怎么会在这里？”

“噢！这儿是罗斯福纪念馆嘛，你不知道？”

“清华大学内怎么会有罗斯福纪念馆？”

“清华是怎么来的你不知道吗？人们认为西奥多·罗斯福对清华建校有功绩。”

“你是说赔款的事，我想起来了。”

“嗯，激进者把清华称作‘赔款大学’。”

“那我们在这里搞这种演出行吗？”陈钟沪担心地问道。

“怎么不行？这次演出是清华的同学组织的，就算大学是‘赔款大学’，同学们也不是‘赔款同学’！”聂耳答道。

经过正在建设的西区宿舍，一行人来到了西区食堂。食堂里人头攒动，学生们排队打饭，有的人一手夹书一手拿着饭菜，有的人则端着碗盘来到被一摞书堆起来占着的座位上。看着学生们的生活，聂耳的心中又升起一股欣喜的向往之情。想起这次来不是作为一个参观游览者，而是一名演奏家，一股自豪的喜悦之感从他心底油然而生。

正当聂耳要坐下用餐之时，一个熟悉的身影出现在了他旁边，原来是自己的老朋友，来自山东的吴宗济！吴宗济虽然是“前清遗少”曾国藩的外孙，却和聂耳他们这帮“革命党”交好。他们在上海就已经认识，都热爱影视戏剧，吴宗济现在在清华大学中文系就读，后来成绩斐然，最终成为新中国实验语言学的奠基人。

看到聂耳的到来，吴宗济十分高兴，要拉聂耳去自己的宿舍。时间匆忙，大家都等着吃完饭赶到大礼堂，可是聂耳不想拂了朋友的盛情；于是让他们几个先过去，说自己马上就来，便拿了两个包子，和吴宗济一起到了宿舍。

一到宿舍，吴宗济就拿出去年罗明佑生日的签名簿给聂耳看。聂耳不无高兴地翻了一翻签名簿，上面还有自己的合作者王人美也就是王人艺的妹妹的签名。吴宗济笑嘻嘻地让聂耳也把自己的名字签上去。

聂耳接过本子，潇洒地画下“耳耳耳耳”四个字。吴宗济拿着签名簿看了一会儿，便明白了聂耳这不仅是留名，还在提醒自己今晚的演出要带着四只耳朵去听！

吴宗济莞尔大笑，拍了拍聂耳说："去吧，朋友！我一定带上四只耳朵，两只耳朵听你挣脱旧世界的怒吼，两只耳朵听你为革命胜利奏响的凯歌！"

出了宿舍后，聂耳跑步前进，来到清华大礼堂门口，这是一座古罗马拜占庭风格的建筑，古城堡风格的大圆顶，门前四根汉白玉爱奥尼柱。进入礼堂，有一块高悬的匾额，上书"寿与国同"，此刻的礼堂里鸦雀无声，然而人已经黑压压坐满了整块观众席，大家都在焦急地等待着开场曲的奏响。此刻站在台中央的20来名军帽洋装的年轻小伙，远远看去还以为是欧洲的军乐队跑到北平来了，这些人却不是别个，正是清华大学自己的军乐队。

随着一声小号的吹响，全乐队奏乐开始，虽然是一首进行曲，却丝毫没有紧张热烈的意味；俨然一首俄国迎宾曲，气氛欢快活泼，中间部分就像一支俄罗斯小调。没错，正在演出的这支曲子就是"Forward Tsinghua"（《前进！清华》），是俄国音乐家托诺夫所作的一支赞颂清华的进行曲，此刻在台上担任总指挥的也正是聂耳在北平的音乐老师托诺夫教授。

聂耳今晚的表演是小提琴演奏，主要部分是他的小提琴独奏，旁边有一个钢琴伴奏。看见老师在场，更坚定了聂耳今晚一定要好好演奏，用音乐完美诠释理想的决心。

聂耳的表演被安排在了中间，前面尚有七八个节目。"芭莉芭剧社"今晚承担的节目有5个，每个都反映了无产阶级生活的现状和他们的斗争精神。

不知不觉一个多钟头过去了，聂耳登台演出的时刻就要来临。只见聂耳整理衣衫，左手拿琴，右手持弓，缓步走向舞台正中。剧联的同志们看着聂耳的庄严神情，想起即将奏响的乐曲，都不由自主地屏住了呼吸。

聂耳打开他灵敏的耳朵，聆听着先他而起的钢琴声。这曲调对他而言是那么熟悉，可是对台下的许多人而言却不如此，只是当聂耳那激昂的小提琴声开始在大礼堂中响起的时候，人们才恍然大悟。

“拉的什么破曲调，赶紧滚下去！”

台下的部分学生开始起哄。自治会主席张露薇见势不妙，暗自紧张，后悔同意让聂耳他们演奏，得罪了学校里的右翼势力。剧社的同志们看到了这一幕，有的担忧，有的觉得无妨，相信聂耳的定力。聂耳果真不为所动，继续演奏下去。

只见一只皮鞋被扔到台上来。底下的局面越发混乱，右派势力继续哄闹，一部分学生起来阻止他们的胡作非为，然而没起到多大作用，现在竟然有石头飞到了台上！这一闹吓得钢琴伴奏赶紧逃了出去。张露薇见此情景，马上让聂耳停止演奏，回到后台。剧联负责人于伶他们见状也即刻赶往后台，和自治会据理力争。

“你们不能再演奏这种曲目了，这样下去我们的募捐表演将没办法再进行。”

“请您相信即便你们的部分学生跟着起哄，只要没有机枪和大炮对准我们的同志，我们就会让这场演出继续！”

“对于学生的表现我也深感抱歉，我代表清华大学学生自治管理委员会对清华学子今日的行为向贵联致歉，请你们原谅学生今日的举动；但是我还是不得不说，请这位先生换一首曲目演奏。”

聂耳拿着提琴，看着张露薇他们不置可否。于伶明白聂耳的意思，于是继续说道：“贵校自发组织为抗日义勇军募捐的表演，这令我们剧联万分感佩，并接受你们的邀请加入了进来；可是贵校却一再擅自主张，一再要我们更改我们自愿选择的表演节目，这是我们不能接受的。”

“并非我校要擅自篡改贵联的主张，而是台下的情况你们也亲眼看到了，如果再这样下去非但晚会无法进行下去，恐还将制造出不必要的伤亡。”

聂耳说道："东北抗日前线的将士为了击退敌人的来犯，保卫我河山完好，抛头颅、洒热血，枪林弹雨尚且勇往直前。我们只是在后方为支持他们做一丁点贡献。何况所面对的攻击只是几只皮鞋、几块石头。日寇的侵略将使得我辈一朝之间，沦丧为亡国之奴。与之相比，究竟哪边的伤害更大？我选择演奏这支歌曲，演奏的目的正是想要唤醒大家，不要做甘受强者欺压的奴隶，宁愿身亡，也要起身反抗。试问，今日的情况下不奏此曲，何日当奏？"

张露薇等听罢此等慷慨陈词，默不作声，似乎有想让聂耳重返舞台的意思，但仍然有些犹豫。见此情景，于伶对张露薇说："您请放心，我向您保证，待会儿台下的人听完聂耳先生的演奏之后将不再反对我们。"

张露薇点点头。

看到聂耳再次走进舞台中央，台下有些观众自发地鼓起掌来。聂耳左手拿琴，右手持弓，独自站在聚光灯下，目光平视前方，开始诵道：

起来，饥寒交迫的奴隶！
起来，全世界受苦的人！
满腔的热血已经沸腾，
要为真理而斗争！

激越而庄严的朗诵过后，他动作镇静而从容地拉响了第一个音。全场庄严肃穆，没有一个人再胆敢来捣乱。他在心底想起老师所说的"琴要拉得干干净净，演奏应该无拘无束，流畅而辉煌"。实际上，他当晚的演奏比老师所说的那种风格更加崇高，他拉得干净而激越，不仅无拘无束，而且在慷慨和肃穆中自由走动，演奏畅达澎湃，显示出无穷无尽地为革命真理呐喊和献身的伟岸情怀。

聂耳右手的持弓法是德国的老派持法，与当代流行的小提琴手法不同，充分显示出他的古典美学修养和不俗技艺，他在高音部分使用了苦练多日的萨拉萨蒂大幅度颤指，加上他富有气魄的演奏，把《国际歌》的激昂和豪情表现得淋漓尽致。台下的“负能量”消失躲藏了起来，而学生们的革命“正能量”转而被激发，聂耳的小提琴独奏变成了和台下学生歌咏的合奏。张露薇都听傻了，她没想到聂耳是一个这么富有激情和鼓动力的小提琴家，学生们竟然跟着唱起来了：

从来就没有什么救世主，
也不靠神仙皇帝！
要创造人类的幸福，
全靠我们自己！
我们要夺回劳动果实，
让思想冲破牢笼！
快把那炉火烧得通红，
趁热打铁才能成功！

这是最后的斗争，
团结起来到明天，
英特纳雄耐尔就一定要实现！
这是最后的斗争，
团结起来到明天，
英特纳雄耐尔就一定要实现！

他感到此刻的舞台下就好像俄国的工人们在演唱着他们的革命赞歌，忽而又好像看到了马赛结盟军一路高歌，开向巴黎的场面。他脑海中想起《马赛曲》中唱到的“我们走吧！祖国的孩子们，光荣的那一天已经到来。对抗我们的，是专制残暴，血染的旗帜已经扬起！血染的旗帜已经扬起！”是啊，聂耳在心里默想着：“光荣的一天已经来到，血染的旗帜将要扬起。现在不是退缩的时候，一定要将革命进行到底！”

当聂耳回神望向台下的时候，他分明看到，此刻就正好是我们的同胞们，在为革命摇起来呼喊！聂耳再一次感受到了人民群众的力量，他多么盼望自己有朝一日也能作出一首这样的歌曲，在热血的革命青年中传唱！工人们是国际的工人，然而祖国需要拥有一支属于自己的《马赛曲》！

台下依然高歌不断，就这样在“英特纳雄耐尔就一定要实现”的高潮中，聂耳结束了当晚的演出。台下爆发出热烈的掌声，他却好像没有听见，他只听见自己心脏跳动的声音，怦怦怦怦！霎时间有如长江黄河掀起滚滚波涛在他心中涌流！

聂耳在一片欢呼声中走下了台，张露薇和其他剧联友人的心情也从高悬变为放心，从担忧变成兴奋。托诺夫到后台来恭贺聂耳的成功演出，高度赞扬了他的小提琴技艺，称他将来一定会成为中国最优秀的小提琴演奏家；并坦言说自己原先并不喜欢这种政治含义浓厚的曲子，但听完了聂耳的演奏，感受到了他们这群人的远大抱负和革命者心底深厚的情感操守。通过聂耳的双手传达出了伟大音乐的力量，这令托诺夫深感震撼，他说他为聂耳感到自豪。聂耳感谢了老师的夸赞，谦虚地表示老师过奖了。

聂耳当晚兴奋异常，感觉自己完成了某件伟大作品。他回去一路上都继续哼唱着《国际歌》，忘记了天边的云朵，忘记了身旁的人，忘记了来北平的目的，只有这熟稔的旋律……

西山的红叶已经红透了。他待在北平尽管只有短短一季的时光，却像这一季的枫叶曾经被染上丰富的色彩。夜晚踏月归来，聂耳和张天虚站在院子里互相倾诉。张天虚没穿长袍，聂耳更无寒衣。深秋的夜晚有些寒冷，然而他们却很快乐。当讲到青年人浪迹天涯吃苦耐劳的事，聂耳又讲起自己那段跑去湖南、广东当兵的经历。聂耳对张天虚说，也是到了1932年，他才确定了自己的人生使命，对社会作贡献的方式是成为一名音乐家，写出鼓舞人心的音乐来贡献给祖国和人民。

聂耳告诉张天虚，他小时候听母亲讲蔡锷将军的故事就特别向往，很想体验军旅生活，绕了一圈才发现自己不适合当兵。张天虚说他也有过类似经历，曾经相信“宁为百夫长，胜作一书生”，最后才发现自己也只能当书生，但是争取成为“书生中的百夫长”。聂耳看着张天虚，两人朗声大笑起来。就在那一刻，聂耳终于找到了心中的那轮明月；就好像它一直都在却被乌云遮住，不能朗现，忽而又从云中露脸、清辉四溢，他才恍然大悟。

张天虚问聂耳接下来的打算，聂耳说准备回上海。彼时他心中生起一个坚定的理想：为了民族的复兴，一定要发挥自己音乐武器的力量，为中国创作出自己的《马赛曲》来。

聂耳渴望一种更紧张的生活、更火热的斗争。上海的救亡运动正在高涨，那里有着更紧要的任务等着他。在北平，他的生活都要靠朋友接济，这令他心中多少不宁。于是云南的同乡好友们为他凑齐了路费，送别他去“更勇敢地实践人生”。

11月5日是聂耳在北平的最后一天，如粉如灰的朔雪洋洋洒洒而来。聂耳在日记中写道：“下雪了，多美！这是今年北平的第一次下雪，她庆祝我在北平第一次演剧的成功！她欢送我明天离开。”

这段北平的经历在聂耳的一生中无疑是出彩的，抒情而又不失节制，激越却又依然平稳，丰富了聂耳的人生阅历和创造热忱。1935年7月，在这个醒目的时间节点上，聂耳准确地道出了这段生活的实质：“北平生活把我泛滥洋溢的热情与兴趣注入正流的界堤。”

返上海涉足电影

聂耳自北平返回上海，到东渡日本之前的这一段时光，是他人生中的黄金岁月。在此期间，聂耳找到了自己想要走的“音乐之途”；加入中国共产党，成长为一位英勇智慧的革命战士；抵达音乐生涯创作的巅峰，成就许多经典之作。聂耳日记里摘录过这样一句话（作者不详，出处不详）：“不同生活接触，不能为生活著作，不锻炼自己的人格，无由产生伟大的作品。”聂耳三年的人生经历和艺术成就，便是对这句话最好的践行。

音乐战士

1932年11月6日下午，聂耳乘火车离开北平，于两天后的清晨重新回到上海。

此时的聂耳已不是当年初到上海疲于生计前路迷茫的那个19岁少年了。过去在北平的三个月里，聂耳虽然生活窘迫，但却从未停止进取的脚步，并且反复考虑自己的出路问题，正如他9月8日在日记里所说，“我回到上海去有着我紧要任务”。因此，当聂耳的双脚重新踏在上海的地面上，他的思想有了进一步提升，对自己将来要走的路有了更加清醒的认识。

聂耳初回上海，与昔日好友重聚，朋友们都对他很有好感；对他的归来表示热烈欢迎，带他四处参观和走访。只不过隔了三个月，上海一切如故，却又让聂耳感到多了些凄凉，这凄凉大概来自对当下大环境的清醒认识和对自己前路的忧虑。

聂耳暂时寄宿在好友金焰家中。

金焰是联华影业当红的明星演员，他喜欢聂耳的爽直和开朗，两人年龄相近、性情相仿，彼此感觉特别投缘，几乎有整夜整夜说不完的话。

第二天晚上，当聂耳说起自己在北平时所下的决心和作出的打算时，金焰表现出极大的热情："你就该到上海来，到这儿和我们一起干！"在和电影导演卜万苍商议之后，又说："等想想法子。"就是说，想要入职联华影业，得等待时机。

第三天早晨，聂耳觉得日常拉琴的基本练习都比过去带劲儿多了。他和卜万苍谈起电影和音乐，认为电影和音乐的关系着实密切，音乐在电影上应该居于重要地位。说起音乐理想，仿佛未来可期，聂耳滔滔不绝，畅所欲言，卜万苍很欣赏他。

午饭后，兴之所至，两人进行口琴合奏。那一天恰是个阴雨天，灰灰的天空低低地垂着，显得压抑和憋闷。惺惺相惜的聂耳和卜万苍却不觉得，卜万苍以低音琴和聂耳相奏和，而演奏之前两人从未有过对所奏曲子的排练和交流却配合得天衣无缝，叫听的人如置身煦风暖阳之间与高山流水之畔。聂耳觉得他们的合奏非常有意味，简直有世界口琴名曲所不及之美。寒秋阴雨天算什么？知音的心灵里晴空万里，他们彼此在美妙的音乐声中沟通心意，达成共识。

当天下午，雨越下越大，丝毫没有停止的意思。

聂耳借了雨衣，冒雨搭便车去找田汉。他是带着重要任务去的，为了向设在上海的左翼文化领导机构转交北平剧联的书面汇报工作及信件。能够完成组织交给的工作，聂耳由衷感到高兴，他在日记里写道："到老大（田汉）处，找到由北平介绍所要找的人，做了所要做的事，很满意。"

日历一页一页揭下，待业中的聂耳每天拉琴练曲看书，与友人切磋技艺，交流心得，议论时事，日子过得很充实。

就业的时机很快到来了。

当时，上海的左翼文艺运动形势发展迅速，其中左翼电影小组已关注到电影受众人数庞大的特征，党组织致力于把电影界发展为一块革命新阵地，为此，不断输送进步文艺工作者渗透进电影行业内部，以积极推动进步电影的拍摄，扩大革命文艺的传播和影响。

11月26日，聂耳在好友金焰以及其他朋友的积极帮助下，顺利入职联华影业公司第一制片厂。

聂耳最初是作为演员被录用的，实际入职后却被安排去负责场记、剧务等工作。他在联华影业一厂接到的第一个工作任务是参与拍摄电影《除夕》，他担任电影的场记，就是在拍摄期间记录各个场景的拍摄内容、服装、道具、布景、照明等细节。

这是一项全新的工作，聂耳觉得“一切都感到生疏”，可是“想到生活的转变，觉得很有味”。他打起精神积极去尝试，认真勤勉，并且在工作中努力学习新东西，关注和钻研剧本内容、拍摄手法、导演技巧、摄影美学等。

然而另一方面，聂耳的心绪又是矛盾的、烦乱的。这样的新工作繁忙、琐碎又枯燥，他没有多少空闲去练习拉琴，以及把所思所想诉诸笔端，就连平常的日记都搁置一月之久。最让他烦扰的是，他觉得这个新工作“已显然脱离了音乐之途”。

面对这时期的枯燥生活，聂耳内心是有过动摇的，毕竟他喜欢所谓的“动的生活”，他时刻不忘自己所梦想的“音乐之途”，他担心自己“要是再不活用一下脑筋，不知将会迟钝到哪一步”，他二哥的来信里劝他“回滇去发展”，因为家人以为他“漂泊在外，总是有很大的危险性”。内心摇摆的最终，他想“整个放弃这边，回云南去”。

是什么坚定了聂耳摇摆的内心，决定继续留在上海的呢？原因很多，但决定性的因素是聂耳在这期间正式入党。

其实聂耳在北平期间，已经向党组织递交过入党申请书，左翼戏剧家联盟北平支部通过考察他在左翼文艺工作中的积极表现，讨论过他的入党问题；认为他经受住了多种斗争的锻炼和考验，符合党员必须具备的素质和条件，已准备吸收他成为党组织里新的一员。只是因为当时聂耳很快要回上海，没来得及办理入党手续。

尽管聂耳早就以一个正式党员的准则，去要求自己立身行事，但他仍迫切期待在党旗前庄严宣誓的那一刻早日到来。日历一页页被揭下，聂耳的期盼一日日被拉长。每个深夜，聂耳闭上眼睛的那一瞬，都会在黑暗中虔诚祈祷："来吧，快来吧！请让这一神圣的时刻，随明天新生的太阳，一起到来吧！"

1933年1月初，受"左"倾错误路线的影响，共产党在国民党统治区的工作损失巨大，当时，上海的左翼文艺工作笼罩在一种"白色恐怖"的氛围中。

就在这种人人自危的恐怖环境里，聂耳终于迎来他生命中盼望已久的重要时刻：1933年1月底的某一天，在联华影业公司第一制片厂的一个隐秘的角落里，田汉、赵铭彝和夏衍出现在聂耳面前，来为他举行庄严的入党仪式。

其实在聂耳初回上海时向田汉转交的北平剧联方面的汇报材料和信件中，已对聂耳在北平期间的进步表现作了详细介绍，并建议上海剧联尽快吸纳聂耳入党。

作为介绍人之一的田汉，深知聂耳到上海前后的不平凡的奋斗经历，了解聂耳的政治见解和艺术追求；在他印象里，聂耳是一个有卓越音乐才能的进步青年，更难得的还是一个想一心把才能贡献给党的爱国者。

另一个介绍人是赵铭彝。赵铭彝当时是上海中国左翼剧联负责人和党团书记，他对聂耳的经历和为人也十分了解。聂耳去北平之后，他跟着就把聂耳的剧团关系介绍到北平，为聂耳举行入党仪式之前，也是他代表党组织与聂耳进行谈话的。

夏衍是监誓人，他当时是中国左翼作家联盟和中国左翼电影运动的领导者，在他的印象中，聂耳像一个天真的孩子，热爱生活，热爱生活中一切健康、美好的事物，是革命乐观主义的化身。

这三个来自党组织的重要人物的出现，让聂耳激动得想要放声歌唱。然而，迫于情势，聂耳期待已久的入党仪式只能因陋就简，秘密进行。不能开灯，因为怕引起别人的注意；没有党旗，因为携带不进来；不能大声言语，因为隔墙就可能隐藏着反动政府的“耳朵”。当然，再多的困难也妨碍不了聂耳宣誓入党的进程——门窗紧闭的阴暗角落，自有党的精神去照亮；缺少党旗，可以现场动手绘制；不能高声语，那就让唇齿间压低的声音，化作心中雷鸣般激荡的音响。

一切就绪，滚烫的时刻到来了。

在制片厂一间隐秘的小黑屋里，在三个共产党领导人的见证下，聂耳举起那张匆匆手绘的党旗，压低声音，跟着田汉，一字一句，对着金黄色的党徽进行了庄严的入党宣誓：

我志愿加入中国共产党，
坚持执行党的纪律，
不怕困难，不怕牺牲，
为共产主义事业奋斗到底。

宣誓完毕，四个人压低嗓音，齐声唱起《国际歌》：“起来，饥寒交迫的奴隶！起来，全世界受苦的人！满腔的热血已经沸腾，要为真理而斗争！……这是最后的斗争，团结起来到明天，英特纳雄耐尔就一定要实现！”歌声落幕，四双坚定的大手紧紧地交握在一起，其中那双因激动而滚烫、发抖的，是聂耳刚宣誓过的手。

至此，聂耳成为一名正式的共产党员。

加入中国共产党，可以说是聂耳短暂人生中具有里程碑意义的一个重大转折。聂耳自中学期间加入共青团以来，一直按照革命者的标准对自己严格要求，时刻鞭策自己积极进取。现在，党组织对这个极具艺术才能的青年的发现和培养终于开花结果。从此，在党的领导下，犹如航船得到灯塔的指引，聂耳可以朝着正确的方向和道路去进一步追求自己的艺术发展，尽管肩负重任，但他渴望用自己日愈成熟和精湛的艺术才华为中国革命贡献力量，为中华民族解放事业发光发热。

时间退回到1932年12月，在国内外形势的压力下，南京国民党政府被迫与苏联恢复邦交。此后，苏联文艺不断地被介绍到中国，上海左翼文化界趁势组成“苏联之友社”，专门从事中苏之间的文化交流和宣传，特别是把苏联的社会主义新文化介绍给中国人民。随即，在田汉的推动下，聂耳和任光、张曙、吕骥、安娥等一批已经崭露头角的新锐词曲作家成立了“苏联之友社”的“音乐小组”。这个小组是在剧联音乐小组的基础上成立的。

小组成员定期进行秘密聚会，活动的地点主要集中在任光家里：一则因为他在外国公司做事，家境富裕，不容易被反动派盯上；二则因为他家里有一架很不错的钢琴，他不仅是一位钢琴家，还是一位钢琴教育专家。聚会的主要活动是收听苏联音乐广播、学习研究苏联革命歌曲创作的特点和经验，共同探讨我国革命音乐理论的发展与创作的相关问题。

不懈的学习使得聂耳的眼界得以开阔，思想更加解放，他进行了深刻的自我反思：“我爱所谓‘动的生活’，是我的好处，同时也是我的缺点。根据几年来的经验，得到不少的教训，以后该给它一个正确的理解：什么时候该动？什么时候该静？”

聂耳还与明月社的黎锦晖和解，到黎锦晖处听新唱片——这是“黑天使”事件之后时隔半年的相会。他发现黎锦晖“音乐上却有了很大的进步”，立即对自己的“音乐之途”进行反思：“嘴上虽在骂，心里却不安；自己实在浅薄，何敢去批评？！你骂他不对，你不但不能做出比他好的东西来，连你所骂的都做不出，这有什么意义？！”进而追问自己：“外面挂着空招牌，肚子里拿得出的是什么？”从对方的优点中，聂耳认识到了自己的不足，他决定再次投身于音乐事业。

那么，重回上海之后的聂耳究竟要走怎样的“音乐之途”呢？我们可以在聂耳执笔的一篇评论中找到部分答案。

1933年2月16日，苏联电影《生路》在上海大戏院正式公映，反响不错。其实早在公映之前聂耳就看过这部影片，并撰写了一篇评论，题为《我所知道的〈生路〉里的音乐》。

1933年2月20日，这篇评论趁着热度被发表在上海的《晨报》上。文章一开头就对电影片头的音乐给予很大肯定：“片头展开，熊熊的火光在闪耀着，音乐在雄壮地配奏着，显示出它伟大的力，在震颤你的心弦，在兴奋你的情绪。”接下来文章高度称赞影片中的配乐技巧：“《生路》全片的音乐配奏，它是利用着特殊的技巧：像这样的音乐是在别国影片里很少听到的。”当然，聂耳也批评了电影中的音乐存在的缺憾：“《国际歌》的声带被剪断了，减色不少，这是一个绝大的遗憾！”

除了这篇文章，他也在2月12日的日记里写下《生路》对他的启发：“《生路》给我们的是：苏联五年计划的建设者不是社会的上层人物，而是大众，他的成功不是偶然的，而是群众的力量。”

可见，聂耳在由衷赞颂苏联人民群众取得社会主义建设的成功的同时，也流露出自己音乐创作方面的新方向，那就是：要做大众的、革命的音乐。

此外，聂耳在《生路》公映前后所做的很多工作也让他所要走的“音乐之途”逐渐明朗。

1933年2月12日，聂耳与任光等人在安娥家中聚会，一同发起成立“中国新兴音乐研究会”，积极开展音乐学术活动，以图广泛交流音乐工作经验、互相研究音乐创作问题。当天晚上，任光就在首次学术活动中帮聂耳改正音乐创作中的很多错误，用聂耳日记里的话说，是

“他改正我很多在‘乐句’与‘味儿’上的错误”。几个志趣相投的好朋友在一处聊音乐，兴致极高，一直聊到时钟敲响十二下才散。

自中国新兴音乐研究会成立之后的一段时间，聂耳更加勤奋与刻苦，他在日记里对自己的音乐创作提出进一步要求：“音乐上的修养：1.经常地写谱。2.尽可能地参加乐队演奏。3.注意云南的音乐。”聂耳和研究会的几个朋友也经常碰头，一起讨论新兴音乐问题。

聂耳在日记里多次提到研究会的活动：“到任光家，任（光）和安（娥）讨论着新兴音乐的倾向问题，要我参加讨论，没有什么结果。”（5月14日）“什么乐队、音乐研究会，未尝不是我时时刻刻在心的事。”“说到整个的音乐运动，更是一桩难做的事，不是畏难不做，而是要认识这难的存在，先把自己的基础打好，才有资格去领导人。”（5月27日）

新兴音乐研究会对聂耳的音乐创作有很大裨益，田汉曾在纪念散文《聂耳的胜利性道路》里回忆新兴音乐研究会：“他们团结得很好，但在创作问题上时常争论得面红耳赤，各不相下，直到他们发现共同承认的真理，然后以兄弟般的亲切互相帮助修正缺点，补充新意。他们的许多作品包括聂耳的一些重要创作就是这样产生的。”

聂耳在5月27日的日记里，还记下了朋友转述的蔡楚生的一段话，其中一句是这么写的：“我希望你在此刻拼命地学习、研究，预备在将来去用。”可以说，聂耳回上海以来的这一段以学习、研究为主的生活，就是在为将来做准备。

经过几个月的勤奋学习、深入思考以及讨论研究之后，聂耳是如何理解新兴音乐的呢?

我们可以在聂耳写于6月3日的日记中找到最明确的答案：“什么是中国的新兴音乐？这是目前从事音乐运动者，首先要提出解决的问题。我们知道音乐和其他艺术、诗、小说、戏剧一样，它是代替着大众在呐喊。大众必然会要求音乐的新的内容和演奏，以及作曲家的新的态度。他们感觉到有闲阶级所表现的罗曼蒂克的、美感的、内心的情调是不适切的，是麻醉群众意识的。”“接受革命的作曲家们试图这种要求，这是变出革命的、同时保持高度艺术水准的音乐，不是容易的事情。抛弃经过几个时代发展下来的作曲的习惯，此外，还有配称为大众音乐的，究竟能够有么？旧时代的作曲家们，跟从革命前确立的方法继续作曲；他方面，革命产生的新时代音乐家们，根据对于生活和艺术不同的态度，灌注生命。”

至此，聂耳的音乐理论达到一个全新的高度，他对他将来所要走的“音乐之途”给出了响亮的回答，这无疑是一条在党的大众文艺方针指引下的革命音乐之路。

除了在音乐创作方面所做的工作，聂耳还发挥自己的戏剧表演才能，演电影，排话剧、歌剧，并以极大的热情投入到社会活动中，逐渐担任起很多社会职务和群众组织职务：“‘联华’航捐会执委、话剧剧本起草委、音乐股主任、联华一厂俱乐部执委、秘书、中国电协组织部秘书、电协组长、电游艺会筹备委员、中国新兴音乐研究会发起人。”（3月22日）他的工作紧张且繁忙：“近来差不多每天都在过开会生活，单联华方面就有什么航空救国会、俱乐部会、话剧剧本讨论会，前天从早晨开到深夜一时。”他的生活虽然艰辛却又是从未有过的充实：“戏剧方面，公司工作，自己练琴，看书运动作曲教唱歌，写信的便是我的日常生活。”

重回上海之后的半年多时间里，聂耳历经重重磨炼和考验，在党的领导下逐渐成长为一名成熟的革命战士，他找到了他的“音乐之途”的正确方向，把音乐作为武器，去代替大众呐喊。

就这样，聂耳以音乐战士的独特姿态，高举着革命新兴音乐的旗帜，坚定不移地走在中国革命的道路上。

另类“呐喊”

聂耳想要用音乐去代替大众呐喊。而20世纪30年代足够流行化大众化的，电影算是其中之一。

然而，30年代初的上海电影业发展形势不容乐观。国民政府奉行“攘外必先安内”的政策，开始在全国施行彻底的电影审查制度，于1930年11月公布《电影检查法》，于1931年1月着手教育部与内政部合作设立电影检查委员会，统一全国电影审查行政，于1932年6月发出通令：今后禁止拍摄一切关于战争及革命的电影。

国民政府把“白色恐怖”的空气扩散到电影行业，反而加快了中国共产党领导的电影小组筹划“中国电影文化协会”的步伐。

1933年2月9日，中国电影文化协会成立，其协会性质属于党的外围群众组织。聂耳当选为中国电影文化协会的执行委员兼组织部秘书，与田汉、夏衍等人并肩工作，致力于在国民政府的“白色恐怖”中团结国内电影人，制作以反帝国主义、抗日为主题的电影。

电影协会工作上所作出的努力获得民众极大的支持，在短短的时间里，一批给观众留下深刻印象的佳作被创作出来，为接下来的两年里中国电影黄金时代的到来奠定了坚实的基础。

当时，21岁的聂耳毫无保留地把自己的满腔热情与一身才华投入工作中，兢兢业业，废寝忘食，把他“拼命三郎”的奋斗精神发挥到极致，上海电影界的很多从业者都纷纷看好他，视他为中国电影未来的希望。

1933年3月21日，聂耳被提拔为联华影业公司第一制片厂音乐股主任，除了负责为影片统筹配乐外，还要指导演员歌唱。

为影片配音是一项繁重而艰难的工作，聂耳需要决定用什么样的主题曲和插曲，何时何处把选定的音乐插入影片中，插入的音乐要如

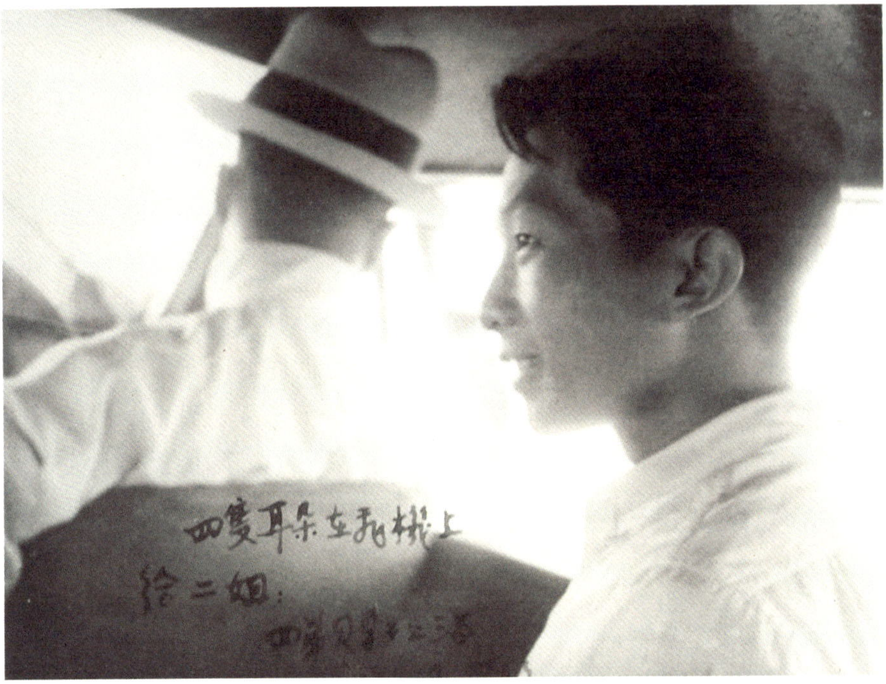

“四只耳朵在飞机上。”聂耳1933年9月18日在上海影业公司拍电影时的工作照

何发挥效果；同时还要负责管理和调整整个影片的音响效果。

面对新的挑战，聂耳以昂扬向上的精神迎难而上，一心想要做出令自己满意的电影音乐。

聂耳对电影音乐的独到见解，除可以在《我所知道的〈生门〉的音乐》窥见一二之外，还有写于1933年4月14日的《电影的音乐配奏》，这篇评论两个多月后以笔名噪森发表在《电影画报》第一期上。在《电影的音乐配奏》中，聂耳明确提出：“我们每看一部影片，不仅是去看荧幕上所映出的画面，同时还要用耳朵去听他所剧奏的音乐。”“在看电影的时候……一半是耳朵周围的音乐支配了你的情感。”“无疑地，音乐在电影艺术中是占有很重要的地位。”他借谈论好莱坞影片和苏联、德国电影对音乐配奏的重视，来批评国产影片对音乐的忽视态度，从而替中国电影音乐发出强烈呼吁："制片家们！认清了音乐在电影艺术中的地位，认真地去注视它，这是我最低限度的希望。"

1933年3月14日至6月29日，聂耳忙于新电影《母性之光》的拍摄。这部进步电影由联华影业制作，田汉和卜万苍共同编剧，卜万苍同时兼任导演，由金焰和陈燕燕主演。

电影讲述上海著名的音乐家林寄梅正在为爱女小梅举办一场规模盛大的音乐会，小梅出落得明艳动人亭亭玉立，一开口歌唱，甜美的歌声倾倒四座。寄梅为女儿的表现感到高兴，而妻子慧英却一副忧心忡忡魂不守舍的样子。

原来小梅的生父家瑚早年参加革命，遭军阀追捕而逃亡南洋，不知所踪。慧英迫于生计，带着尚在襁褓中的小梅改嫁音乐家林寄梅。小梅在资产阶级家庭中成长为一个漂亮且优秀的歌唱家，慧英高兴于她的成就，同时又为她资产阶级小姐的做派感到忧虑。就在这场音乐会上，慧英与家瑚意外相遇，这才知道了家瑚流亡南洋做矿工的悲惨经历。家瑚的到来使得林家的内部矛盾越发激化，林寄梅擅自做主，逼小梅嫁给南洋矿主的儿子黄书麟。小梅去南洋后怀孕不久便惨遭遗弃，以致心力交瘁，得了重病。慧英思念女儿想去探望，却遭林寄梅横加阻挠，幸得家瑚帮助筹集川资得以成行。母女俩在异国重逢，悲喜交集。知道一切真相后，小梅带着新生儿随母亲辗转回到上海。历经种种曲折之后，慧英与林寄梅脱离关系与家瑚重修旧好，一家四口终于团聚，生活仿佛看见了曙光。

不幸的是，影片的末尾，父亲为筹款创建托儿所举办游艺会，小梅要在游艺会上进行公演以发动募捐，恰在此时，她的孩子竟然死去，她抱着死去的孩子登台悲歌，在场观众无不泪湿衣襟。

电影通过一个家庭悲欢离合的传奇故事，在揭示当时社会的阶级对立矛盾的同时，展现出两代母亲的悲苦和伟大的母性之光。

在电影《母性之光》中，戏中人物家瑚在女儿的音乐会上表演了

一首歌曲，赢得戏里戏外的观众一致赞赏。歌词如下：

> 噢嗬！噢嗬！噢嗬！开矿！
> 开出来黄金黄。
> 我们在流血汗，人家在兜风凉；
> 我们在饿肚皮，人家在尽膏粱。
> 我们终年看不见太阳，人家还嫌水银灯不够亮。
> 噢嗬！噢嗬！噢嗬！开矿！
> 开出来黄金黄。
> 我们大家的心要像一道板墙，
> 我们大家的手要像百炼的钢。
> 我们造出来的幸福，我们大家来享！

这同时也是电影《母性之光》中的一首插曲，名叫《开矿歌》，由田汉作词、聂耳作曲共同创作完成。这是聂耳的电影音乐处女作，也是两人首次合作的作品。聂耳在音乐创作中，借鉴了民间劳动号子的节奏，采取一人领唱、众人合唱的形式，既有利于塑造当时工人阶级劳动生活的形象，有着浓厚的生活气息，又以蓬勃的朝气和激扬的旋律表达出工人阶级的斗争意识和坚毅不屈的精神气质。

《开矿歌》是我国音乐创作中第一首正面塑造工人形象的歌曲。值得一提的是，影片拍摄的过程中，聂耳还化身为群众演员，亲自用颜料把自己全身涂黑，以饰演一个在东南亚采矿场劳动的矿工，并领唱了这首插曲。《开矿歌》是聂耳把革命音乐、新兴音乐理论的探索研究落实到电影音乐的艺术实践中所做出的成功尝试。

《母性之光》成功上映后，《开矿歌》在当时产生了巨大的影响，它“开创了我国30年代革命电影歌曲的先声”，同时对民众的革命意识的启蒙和激励发挥出重大作用，用聂耳自己的话说，是这首电影插曲“代替着大众在呐喊”。

装扮成黑矿工的聂耳（右）与何非光在杭州的合影

继创作电影插曲《开矿歌》之后，聂耳投入更多的精力去为左翼电影写插曲和配奏音乐，从1933年年初到1935年聂耳东渡日本之前，他先后谱写的电影歌曲共计15首，其中比较著名的作品有《毕业歌》《大路歌》《逃亡曲》《义勇军进行曲》等。

《毕业歌》是影片《桃李劫》的主题曲，由田汉作词。《桃李劫》讲述一对接受过优良教育的恋人陶建平和黎丽琳，婚后过着平静安逸的生活，并对未来满怀憧憬。然而，陶建平因为生性正直，看不惯上司欺诈行为愤而辞职，失业在家。为了养家糊口，陶建平只好去做苦工，又因为要给产后患病的妻子治病，借贷无门走投无路之下，他不得已去工厂偷盗自己的工钱，最终妻子病逝，他绝望地把新生儿送到育婴院，之后被逮捕并被判处死刑。

这个叙写充满抱负的知识青年由向往到失望、由反抗到灭亡的悲剧故事，正是对当时黑暗丑陋的社会的控诉。聂耳和田汉为《桃李劫》合作的主题曲《毕业歌》，就出现在影片开头一群知识青年在毕业典礼上集体高歌的时候，聂耳谱写的旋律明朗又强健昂扬，充满理想与爱国热情，正好与田汉（笔名陈瑜）所写歌词所体现出爱国热诚以及壮志满怀完美配合，歌颂了满怀抱负想要为社会作出贡献的一代青年，传达出革命精神对民众心声的引领，这是聂耳用更加成熟的电

《毕业歌》创作手稿

影音乐代替一代知识青年在呐喊。

《逃亡曲》是由上海艺华影业公司拍摄制作的影片《逃亡》的主题歌，由唐纳作词。影片讲述了中国北方某地两个农民家庭在黑暗年代所经历的悲欢离合。

黄少英和妹妹小云、吴三泰和女儿三妹两户农民家庭是邻居，生活清贫却和睦平静。但富商之子董斌偶然见到吴家三妹，垂涎于其美貌，妄图设计夺走她。一次，敌机突然袭击两家所在的村庄，家园破碎，村民四散逃命。三妹在独自逃亡中被董斌骗到天津，小云也遭不测。后来黄少英得难民相助救出小云，但三妹却不幸身亡。大家终于从灾难和不幸中觉悟到，逃亡是条死路，唯一的出路只能是大家团结起来，拿起武器去抗争，去保家卫国。影片最后，觉醒的爱国民众一起高唱《逃亡曲》："拿起一切拿得到的枪，上前！我们没有了豆米！拿起一切拿得到的子弹，上前！我们没有了土地……"聂耳在《逃亡曲》中进行了非常细腻的艺术处理，他把歌词语言音调和歌曲旋律的进行紧密结合起来，使得歌词脱口唱出时字字铿锵有力，富有极强的感染力。这首歌曲的艺术处理充分表明聂耳在音乐创作道路上的成熟，他又一次通过完美的电影音乐代替农民阶级发出呐喊。

《大路歌》是影片《大路》的主题曲，由导演孙瑜填词。《大路》算得上是中国电影史上第一部由工人出演主人公的影片，电影讲述一群筑路工人为了生存，不得不投身艰难险阻的筑路工程，他们与驻军一起抢修一条军用公路。为了早一点让这条公路在反击帝国主义侵略的战斗中派上用场，筑路工人们热情又努力，争分夺秒，勤勤恳恳。可是，反动分子却对工人们的筑路工程进行百般破坏和阻挠，筑路工人们坚强勇敢地团结在一起，坚持修筑完成通向胜利和光明的大路，可最终却在残酷的斗争中罹难。

当时导演孙瑜约聂耳合作，为影片《大路》的序歌《开路先锋》、主题歌《大路歌》作曲，孙瑜要求歌曲既要有像《伏尔加船夫》那样悲壮的格调，又得富有青春蓬勃的节奏和胜利乐观的信心，聂耳对此表示认同。

一个月后的某一天，聂耳兴冲冲地跑到孙瑜处，等不及掏出歌谱，就比画着工人拉动大铁磙压路的姿势，手舞足蹈地哼唱起《大路歌》来。孙瑜为歌曲雄浑坚实的旋律所感染，立即拉起聂耳一路跑到金焰家。聂耳在金焰的钢琴上弹奏，在场五六人合唱，随着聂耳骤然按下琴键，一首充满革命乐观主义的激荡万千劳动人民心弦的歌曲就正式产生了。

“大家努力！一起作战！背起重担朝前走，自由大路快筑完！”一次又一次地，聂耳以电影为媒介，用他所创作的新兴音乐代替着工人阶级发出呐喊！

“我的音乐年”

1934年1月29日，在距离1934年春天仅有短短6天的那个夜晚，聂耳在日记里写下一句话：

一九三四年是我的音乐年。

然而细细数来，聂耳的音乐年又何止1934年呢？从1933年到1935年4月，从电影歌曲到戏剧音乐到民族乐曲，两年多时间里，聂耳共创作出34首音乐作品，他的歌流传之快、流传之多、流传之广，打破了当时中国音乐界的纪录。

可见，这句话，是聂耳对过去一年“音乐之途”上所经历和所收获的一句结语，也是对现在的自己进行音乐约定的一句誓言，更是对未来音乐追求的一句预言。

让我们先从这则日记落款的时间回望过去的一年。

1933年，可算得上是聂耳短暂人生中最紧张忙碌的一年。除了要完成联华影业一厂的高强度的工作，为正在拍摄制作的电影谱曲配乐，做场记，搞剧务，做副导演，做群众演员，等等。聂耳还身兼数职，处理繁杂的社会工作，多次参演左翼剧联的戏剧，再加之练琴、读书、写评论、写剧本，等等，聂耳经常忙得团团转，甚至到了疲于奔命的程度。

在这种长时期的超负荷运转下，总以为自己压不垮的聂耳终于发现自己错了。

1933年的盛夏，聂耳参与影片《人生》的拍摄工作。8月26日，他在繁重的工作之余见缝插针地写完了一个叫作《时代青年》的剧本。8月30日这一天的夜晚，聂耳在参与拍摄《人生》的外景时，突然晕倒在地。医生诊断为轻度脑出血，聂耳被迫住院。医生认为聂耳过度劳累，曾劝说其停止工作，休息一个月。

可是，公司有规定，请假期间无薪金。聂耳平时正常领工资都过得入不敷出，请假休养那还了得！10月19日的日记透露了聂耳的经济状况："事实已经不敷应用，只有赶紧想法生产！1.写剧本。2.写文章。3.进行演员事。4.教授提琴。"因此，聂耳才出院不久就拖着尚未痊愈的身体返回联华继续上班，第二天就被外派参与二厂的影片《渔光曲》的外景拍摄，并为影片配乐。

没过几天，劳累的身体再次向聂耳拉响警报，他患上了喉疾和眼疾，最终被迫返回上海医治，彻底休养两个月。这期间，聂耳曾煞有介事地给自己制定了"休养大纲和细则"（11月14日）。

估计这个"休养大纲"被执行的时间并不长。因为就在11月里，在聂耳把这则"休养大纲"落到日记本上之前，国民政府在上海开始了大规模镇压左翼文艺运动的行动。

11月12日，反动派的特务组织"蓝衣社"秘密雇用的一批暴徒，对艺华影业公司的制片厂进行突然袭击。暴徒刚把曾拍过多部进步电影的艺华影业公司拍摄场全部砸毁，跟着报纸上就登出各电影公司严禁拍摄及上映"赤化"电影的通告。一石激起千层浪，上海电影界一些电影公司开始惶惶不安，把反动当局的电影审查制度奉为唯一标尺，甚至恨不能把它刻在每个员工的手心上。

在处处弥漫着反共逆流的恐怖氛围中，联华影业的老板也害怕了，动起心思，想要开除聂耳这个受人注目的“左倾”分子。1934年1月24日，联华影业借口聂耳患病需要休养，变相把聂耳解雇了。聂耳遭遇了人生中的第三次失业。

失去了固定工作，聂耳本就不好的经济状况更加窘迫。然而，此时的聂耳，已经在时代洪流的砥砺中成长为革命青年，他的世界观、艺术观方面都日趋成熟。因此，面对第三次失业，聂耳并没有头两次的恐慌和迷茫。他从容应对，一面靠稿费、演出酬金等临时收入暂时维持生活，一面抓紧找寻新工作，一面还把生活安排得很充实。

回望过去的1933年，聂耳的音乐成就，除上文写到的《开矿歌》，聂耳还为话剧《饥饿线》谱写了插曲《饥寒交迫之歌》，为电影《渔光曲》配乐，还为街头的女报童小毛头写了《卖报歌》，以及儿童歌曲《小工人》，等等。

这里少不了得说说脍炙人口的《卖报歌》是如何被创作出来的。

1933年6月的一个黄昏，一辆电车在上海霞飞路口公交站缓缓停下。随着车门开启，争先恐后要下车的乘客如潮水一般涌出。这样的时刻正常人都会急忙避让以规避碰撞的危险，可是几个小孩却反而朝汹涌的人群迎上去。他们是这个城市角落里随处可见的报童，为了能够换得一口饭吃，不得不逆着人流抢上前，向下车的乘客叫卖手里的报纸。挤挤搡搡之中，突然，一个七八岁的小姑娘被乘客仰面撞倒，手中的报纸散落一地，瞬间被乘客印上纷乱而脏污的脚印。

聂耳正从旁经过，他连忙上前扶起小姑娘，又帮她捡起散落的报纸。看着小姑娘衣衫单薄面黄肌瘦的样子，聂耳问：“小姑娘，你叫什么名字呀？”可小姑娘说不出话，使劲儿用衣襟擦着报纸上的污渍，泪珠子吧嗒吧嗒地落下来。聂耳心疼地揉揉她枯黄而蓬乱的头发，说：“那我就叫你小毛头吧。”他从她手里抽走几份弄脏的报纸，递给她几枚铜板。

“小毛头，这些报纸就卖给我吧。”

“谢谢叔叔，你真是大好人！”小毛头眼泪哗啦哗啦地往下流，这一回，是感激的泪水。

两个人聊起天来，聂耳这才知道，小毛头名叫杨碧君，她幼年丧父，母亲又卧病在床，她被迫挑起了生活的重担。她经常吃不饱、穿不暖，可为了能多卖出一份报纸，不得不忍饥挨饿走上街头吆喝。

小毛头的故事让聂耳心痛，他把它讲给好朋友安娥听，决定要帮她写一首卖报歌。于是两人走上街头去和报童们一起卖报，去体验他们生活里的辛酸和困苦。很快，安娥写出清新明快的歌词，聂耳一口气把它谱成曲子唱出来。聂耳找到小毛头，把新写的《卖报歌》唱给她听。小毛头非常喜欢，但是说：“要是‘把几个铜板买几份报’也唱出来就好了。”聂耳很快做了修改，然后一句一句教小毛头唱这首歌：

啦啦啦！啦啦啦！我是卖报的小行家，不等天明去等派报，一面走，一面叫，今天的新闻真正好，七个铜板就买两份报。

从此，小毛头就唱着这首歌去卖报，卖出的报纸果然比以前多。而这首反映报童的辛酸生活以及对光明自由的向往的《卖报歌》，很快传遍大街小巷，跨过长江和黄河，在中国大大小小的城市里流行起来。

这些歌曲中所塑造的人物形象，从矿工到劳动妇女到儿童，都是社会最底层的劳动人民，聂耳凭借敏锐的音乐触觉和高涨的革命热情，把自己关注的目光投射到社会生活的各个角落，他以自身独有的音乐才华将那一时代所特有的旋律和革命热情很好地结合在一起，从各个不同的层面刻画出无产阶级大众形象，通过以电影音乐为主（包

1933年冬天，聂耳为这个女报童“小毛头”写作了《卖报歌》

括戏剧音乐）的新兴艺术形式，集中体现出他的无产阶级革命音乐理想。

时间回到聂耳所命名的“音乐年”。

1934年春天，好消息来了。趁着失业期沉淀了两个月的聂耳，在好朋友安娥和任光的帮助下，得到一个进入英商在上海开办的著名的东方百代唱片公司的机会。聂耳挑选了两个“比较得意的作品”，到

“百代”灌注唱片，他亲自演唱，结果很成功。

4月1日，“百代”公司正式录用聂耳，厂长在和聂耳第一次谈话后就对聂耳非常满意，安排他进音乐部，工作内容是“帮助任光的一切收音工作，经常地教授歌者，抄谱，作曲”。很快，聂耳因出色的工作表现被提升为音乐部副主任。

“百代”属于外商企业，很少受到当局的出版审查，公司只管“唯利是图”；另外，“百代”的设备和录音技术是当时中国比较先进的，其唱片发行数量庞大。这有利于上海左翼剧联灌制、销售更多的进步音乐唱片，从而扩大左翼文艺的社会影响，以抗击反动当局的文化“围剿”。

进入“百代”工作后，聂耳和任光、安娥一起，坚持拍摄进步电影，坚持演出进步戏剧，并借电影音乐或流行歌曲之名，推出了许多革命歌曲。

5月里，聂耳在公司里牵头成立了一个附属的民乐团，取名为森森国乐队。乐团成员只有五人，但每位成员都会好几种乐器。乐团成立的初衷是为在灌唱片时给歌唱者伴奏，实际上聂耳是在对民乐伴奏和合奏等形式方面进行改革性试验和探究。

聂耳自离开家乡以后，曾频频托付亲友收集云南洞经调、滇剧曲牌调、江南丝竹、各地民歌等地方性音乐，后来他为森森国乐队创作和改编的四首民乐合奏曲，分别是《金蛇狂舞》《翠湖春晓》《山国情侣》《昭君和番》，创作灵感就来自他之前所收集的音乐素材。

这些民族器乐曲经由森森国乐队公开演奏，获得业内业外观众极大好评。其中最著名的《金蛇狂舞》和《翠湖春晓》，至今还在国内外保有着蓬勃的艺术生命。

6月，聂耳为田汉编写的舞台剧《扬子江暴风雨》谱写了四首插曲，分别是田汉作词的《码头工人》和《苦力歌》（后改名为《前进歌》）、蒲风作词的《打砖歌》和《打桩歌》。四首歌中最出色的、影响也最大的是《码头工人》。

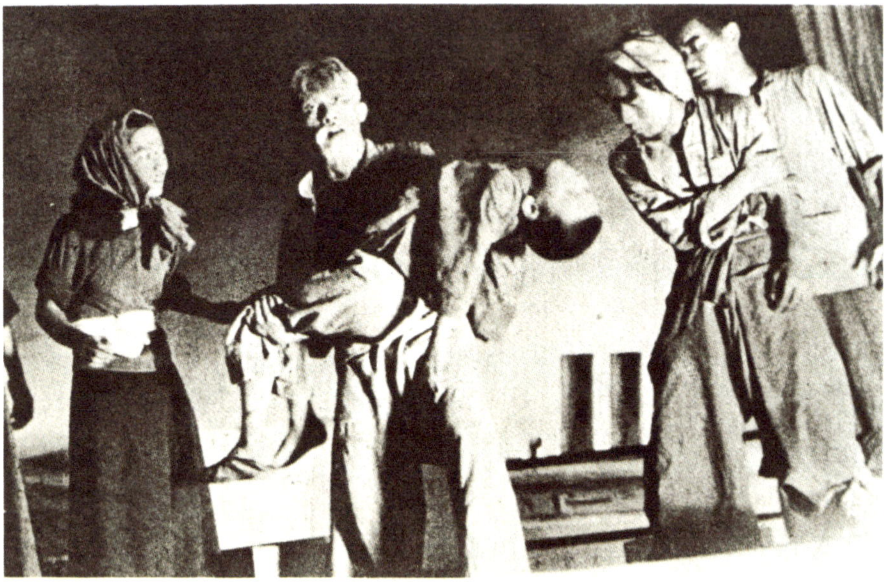

聂耳在《扬子江暴风雨》歌剧中扮演老王（抱小孩者）剧照

据说聂耳为创作完成这些歌曲，曾很多次去到黄浦江边，观察和感受码头工人的生活。他写了很多稿，却一直不满意。

一天傍晚，天气很闷热，聂耳正在书桌前写作，他又一次把写了一半的稿纸揉皱，丧气地扔进字纸篓。此时聂耳的好朋友郑易里来访，看聂耳苦闷的样子，便建议他一起出门走走。聂耳不知不觉就带着朋友走到黄浦江边来了。码头上，一群疲惫不堪的搬运工人佝偻着肩背，扛着沉重的货物，随着他们脚步的缓慢移动，嘴里发出低沉的劳动号子："哎哟，哎哟……"

聂耳原本正和朋友交谈，他突然一愣身子，中断话语，就像被孙悟空使了定身术那般。接着，他微闭双眼，朝码头方向偏着头，支棱起一只耳朵。"听！听！"聂耳兴奋地说。原来，在混合了风声、浪声、汽笛声的音响中，还有另外一种旋律，那就是搬运工人们简单而重复的劳动号子，它们既渗着苦难，又包蕴着力量，听上去深沉有力，妙不可言。

听了好一会儿，聂耳似乎从搬运工人的号子声中抓到了《码头工人》中音乐形象的种子，于是跟着搬运工人“哎哟，哎哟”的节拍一起呼吸，同时迈步，口里低低地哼唱起来。“哎哟！哎哟！哎哟……”

终于，聂耳从码头工人的生活中汲取到灵感，通过音乐手段，成功地塑造出当时中国逐渐觉醒的工人阶级的形象：他们的苦难、他们内心对压迫者的愤怒和反抗、他们投身斗争的信心和力量——这是对《开矿歌》的自我超越，这才是中国30年代最真实、最深刻的工人群众的形象。

6月底7月初，《扬子江暴风雨》顺利公演，聂耳担任导演，并且还在剧中亲自扮演了一个角色——打砖工人老王。演出获得了极大成功。

这一时期，左翼文艺工作者在党的领导下，组建了完全属于左翼的进步电影企业——中国电通影片公司。

7月，聂耳为该公司的第一部影片《桃李劫》配乐作曲。

8月、9月期间，聂耳为联华二厂拍摄的影片《大路》担任全部配乐工作。

10月，聂耳为艺华影业公司拍摄的影片《飞花村》的主题歌《飞花歌》、插曲《牧羊女》作曲配乐。

聂耳还与陈伯吹共同创作儿童歌曲《小野猫》，与柳倩合作完成《雪花飞》，等等。

这一年，聂耳在音乐创作上收获丰厚，在评论上也不放松，他以化名写下《一年来的中国音乐》（1935年1月6日刊于《申报》）和《看俄国歌剧杂谈》两篇评论，前者是聂耳关于音乐评论的一个重要作品，文章从多个方面综合性地评论和总结了这一年的中国音乐，文中渗透着聂耳对新兴音乐的新见解。

这一年里，9首电影歌曲，4首民族乐曲，2首儿童歌曲，2篇音乐评论——没错，1934年就是聂耳的“音乐年”。

然而聂耳的“音乐年”呈未完待续状态——毕竟，还有1935

年呢。

1935年1月，聂耳离开工作了7个月的“百代”唱片，重回联华影业公司，担任联华二厂的音乐部主任。重到联华，此时的聂耳已经成了著名的作曲家，因此音乐创作任务更加繁重。

聂耳先是为联华二厂拍摄的影片《新的女性》配乐，创作由6首歌曲组成的主题歌《新女性》（孙师毅作词）。为创作好这组歌曲，聂耳不辞辛劳，半夜就起床，走很远的路去纱厂，深入工厂车间访问上早班的女工，还去她们家里聊家常，了解她们的思想和生活，倾听她们的愿望。在对纱厂女工的劳动生活和内心世界有了深刻的体会之后，才成功地写出更加贴近女工形象的电影组歌。

在创作《新女性》组歌的同时，聂耳还为两部话剧创作插曲。一是为田汉的话剧《回春曲》创作四首插曲（田汉作词），其中《告别南洋》和《梅娘曲》两首歌在东南亚一带非常流行。二是为独幕剧《水银灯下》创作插曲《走出摄影场》（安娥作词）。

随后，聂耳又为电影《逃亡》创作插曲《塞外村女》《逃亡曲》，为《风云儿女》配曲，创作了聂耳生命中最重要的一首歌曲——《义勇军进行曲》。

风云起国歌诞生

1935年5月24日，在上海金城大剧院（今北京东路780号黄浦剧场），一部名为《风云儿女》的电影在此首映。这是一个载入史册的日子，影片插曲《义勇军进行曲》在此率先唱响，旋即响彻抗日烽火燃烧的中国。从前线到城市，从城市到乡村，无数的中华儿女激情高歌。作词人田汉、作曲人聂耳也为更多人所熟知。

《风云儿女》

1934年秋天，电通公司首部电影《桃李劫》的拍摄工作已经接近尾声。夏衍带领众人对《桃李劫》进行紧锣密鼓地补拍、修改、剪接。与此同时，电通公司的第二部电影也在酝酿策划中。在电通经理马德建家里召开的一次会议中，田汉说出了自己的构想：创作一部反映长城抗战的影片《凤凰的再生》，以儿女之情写抗战风云，表现出长城的新生、民众的新生、国家的新生。女主人公名为阿凤，是一位漂泊的歌女，后改名为新凤，寓意“新之又新”。男主人公取名为辛白华，是位青年诗人，同样寓意着个人与民族的新生。这个构思得到了大家的一致赞同。

长城与中华民族的命运，一直是田汉思考的问题。在紧张不安的局势之下，寻找救国之路，则是每位仁人志士心之所系。田汉也在思考：究竟如何才能筑起最坚不可摧的长城？中华民族的希望寄托在何处？1933年春天，当时的中国虽然风雨如晦，田汉却写下了一篇信念坚定的文章《站在日出前的中国》，对“长城精神”作出了新的诠释。他写道：

> 近代一切文化随着生产力的发展一天天立体化，近代战争也由平面的战争进为立体的战争。万里长城诚如萧伯纳翁在张学良将军的私人飞机上所见，只不过是一版“矮墙”而已。在敌人的近代武器下，这一版“矮墙”的命运是决定了的。但最后的胜利是不决定在敌人的武器，而决定在全中国广大劳苦民众的意志。但凡他们不肯做奴隶，他们是必能把帝国主义强盗踢出去的，不管它的飞机大炮是多么厉害。因此，只有组织了民众自己的力量，才是真正能防卫中国民族自己的家的万里长城！谁不许民众自己起来，谁就是“自坏长城”以迎敌。

在现代战争面前，实体的长城不过是一道“矮墙”，国土沦陷、生灵涂炭，但是希望不在别处，就在每个不愿意做奴隶的中国人身上，而倡导组织民众起来才是真正的万里长城。在田汉笔下，长城的象征意义发生重大改变，他也多次在剧作中传达出这一观点。1934年初，田汉创作了表现义勇军不屈精神的抗战话剧《水银灯下》。该剧结尾，田汉借剧中义勇军士兵之口喊出中华儿女激情澎湃的心声，“不！中国并没有完”，“弟兄们，中国并没有完，只要我们大家一条心，中国是不会完的。只要大家不肯做亡国奴，中国不会亡的。听，敌人的枪越响越响近了，我们不要等着他们来，我们要冲上前去”。

在马德建家的会议结束后，田汉一边进行抗日话剧《回春之曲》的创作，一边于1934年年底完成了《凤凰的再生》的故事梗概，将其送到了电通公司。根据司徒慧敏的回忆，田汉辗转送来的创作是“十来张直行的稿纸”，上面“不依行格、用毛笔细字写成”。除男女主人公外，还另设有两个男女配角，让男青年诗人辛白华周旋于阿凤和美艳的C夫人的感情旋涡中，最终因为好友梁质甫（在影片中最终定名为“梁质夫”）的忠告，男主人公听从时代的召唤，走上了民众抗日的战场。这也是一次凤凰涅槃。

田汉的剧本获得了大家的一致好评，并经讨论，将影片名称改为《风云儿女》。这时，电通公司的第一部影片《桃李劫》已经上映，受到广泛好评，片尾曲《毕业歌》更是在大街小巷传唱，其社会影响远远超过了预期。①趁热打铁，电通的第二部抗日影片不仅要加紧推出，而且在新影片中，田汉认为同样应发挥主题曲的感染力。在剧本的最后，他写下了几句简短却有力的歌词：

起来，不愿做奴隶的人们，
把血肉来筑我们新的长城。
中国民族到了最危险的时候了，
每一个人被迫着发出最后的吼声。
我们万众一心，
冒着敌人的大炮飞机前进！

剧本梗概完成，接下来就是顺利通过剧本的审查程序。1935年1月4日，上海《大美晚报》第2版刊登的《电通简报》报道：“《风云儿女》已交剧本委员会审查，初二审查已无问题通过。”这意味着《风云儿女》可以正式开拍。1月15日，《中华日报》电影副刊报道：“《风云儿女》将于1月20日开拍。”

然而就在左翼电影小组的工作紧锣密鼓展开的同时，国民党特务机构对左翼的压制也日益升级。对于左翼电影人的逐步活跃，国民党

① 《桃李劫》热映后的一天，司徒慧敏和聂耳从电通摄影场步行前往百代唱片公司，听到工人下班的工人放声歌唱《毕业歌》。聂耳很是兴奋：“我以为只有学生爱唱，想不到它得到如此普遍的爱好。”

当局采取了极其粗野的暴力手段进行镇压。早在1933年11月12日，受国民党政府雇用的流氓打手，便赫然开着卡车冲进有进步倾向的艺华公司，将摄影设备和场地悉数捣毁。

其后没有多长时间，刚刚进入1934年，1月20日上海《申报》就刊登出所谓《中国青年铲共大同盟宣言》，公然恫吓进步电影人，声称如果不按照他们的要求取缔有进步、爱国思想倾向的电影，就以炸弹轰炸各个进步影院和摄制机构。更有甚者，这个“宣言”直接罗列了一个“黑名单”，列出田汉、沈端先（夏衍）、钱杏邨（阿英）、茅盾、沈西苓、楼建南、许幸之等左翼作家的名字，警告各个电影厂不得采用他们编写的剧本，聘用他们为导演者必须立即解除合同。

1935年2月19日，国民党特务经过近5个月的侦查，在当夜进行了全市大逮捕活动。中共上海中央局、江苏省委遭到严重破坏，上海中央局代书记黄文杰、组织部部长何成湘、宣传部部长朱镜我，以及文委书记阳翰笙等30余人被捕。

而田汉也在翌日半夜2时回到寓所时，被守候在那里的特务逮个正着。

田汉被捕了，《风云儿女》刚刚开拍，电影脚本还没有完成。正是在这种情况下，左翼电影小组负责人夏衍决定自己动笔，把田汉留下的《风云儿女》故事改写成电影文学剧本。为此，他还可以从电通公司得到一点稿费，让自己的妻子送给田汉夫人安娥与阳翰笙夫人唐棣华，接济她们的生活。

除了完成剧本创作，夏衍还负责《风云儿女》拍摄的整体规划与推进。导演人选他找到了刚加入电通不久的许幸之。许幸之并不是共产党员，但他是留日归国的左翼画家，而且是中国左翼美术家联盟的发起人，同时热心左翼文学、戏剧、电影等左翼文化运动。根据许幸之的回忆，夏衍找到他后，直截了当地说：“田汉和华汉（阳翰笙）被捕，大概你已经知道了。《风云儿女》是田汉入狱以前写好的剧本，是以号召文艺青年起来抗战为题材的，对当前的政治斗争有推动和鼓舞作用，我们要尽快把它拍出来，以配合当前的革命形势。”他严肃地对许幸之说：“我和司徒慧敏、孙师毅商定，请你担负起导演的责任。”在此之前，许幸之除了零星的舞台导演经验外，并未曾导演过一部电影。但组织的信任给了他克服困难的勇气，他决定排除万难完成这项光荣的任务。

夏衍拿出田汉手稿交给许幸之看，许幸之看后，坦诚地说：“感到内容单薄了一些，几个主要人物的刻画还不够生动，一些情节过于浪漫，因此整个故事内容还显得单薄，不够充实。”他说出了心中的忧虑，夏衍当时如此宽慰：“田汉原著的不足之处我会在改写成电影文学剧本时加以弥补，你尽管放心好了！”夏衍认真阅读领会田汉原作，揣摩人物设置、领会情节演进，充分发挥想象力，然后，将故事梗概改写成电影分镜头剧本。该电影文学剧本不再是简单的故事梗概，下设15个章节：一、亭子间的奇遇；二、宴会席上；三、天上的福音；四、医院；五、新家；（缺六）七、女同学；八、不测的风云；九、狱中风景；十、（无标题）；十一、（无标题）；十二、投到祖父的怀里；十三、诗人与战争；十四、血写成的诗；十五、凤凰的再生。在夏衍完成的剧本中，人物形象更加鲜明，故事情节更为完整流畅。

剧中辛白华和梁质夫是极要好的朋友。辛白华具有诗人气质，研究文学，也略通音乐、美术；梁质夫则精明强干，在北方参加过军队生活，现在大学读法科。辛白华以成为“国民诗人”为己任，正在创作一首题为《万里长城》的长诗。在他们的楼下，住着从河北逃亡出来的少女阿凤，阿凤与母亲相依为命，虽然生活艰辛，但她坚强乐观，喜欢唱歌。白华和质夫总是不约而同地帮助阿凤母女。在他们对面，则住着一位华贵的妇人C夫人。辛白华《万里长城》的发表引起文艺界广泛关注，然而其中的一句诗也显示出其内心的矛盾：“我们该举起喇叭，吹起被压迫大众的进军号？或是俯伏在维纳斯像在歌颂她的圣明？”彼时的辛白华虽然以“国民诗人”自居，想要吹起革命的号角，但又不自觉地受到美艳妇人的吸引。

电影《风云儿女》剧照

转折出现在第六章，阿凤的母亲因贫病而死，梁质夫因朋友参加革命连带被捕，辛白华仓皇逃避，昔日的朋友不敢收留，而C夫人则慷慨地收容了他。而后，华北战事日趋紧张。阿凤改名为新凤，加入了歌舞班，到各地演出；梁质夫出狱后，毅然北上抗敌，加入了义勇军；而辛白华却正与美貌多金的爱侣C夫人避暑青岛，躲在了儿女私情和自然美景中，远离了现实生活。

这时，歌舞班来青岛演出。与阿凤重逢，以及她演出的《铁蹄下的歌女》，唤起了辛白华的爱国热情，但他又未能完全跳出爱情的羁绊，转而沉寂下来。直至好友梁质夫在长城古北口英勇牺牲的消息传来，辛白华才大为震动。他彻底舍弃了逃避斗争的逸乐生活，走上了抗敌的最前线，走入了华北战争的炮火中。他说，当兵也是为了来写一首动人的诗，“从前用墨汁写，现在安排用鲜血来写”。影片最后，敌人的炮火轰鸣而来，“灰沙弥漫，数千士兵围着防卫他们的故乡抵御强暴而潮水般向长城前进”。但是，没有人退缩，辛白华高扬军旗高唱这样的军歌：

起来，不愿做奴隶的人们，
把血肉来筑我们新的长城。
中国民族到了最危险的时候了，
每一个人被迫着发出最后的吼声。
我们万众一心，
冒着敌人的炮火前进！

这也是他《万里长城》长诗的最后一节，是整部电影的最强音。

聂耳谱曲

剧本已经写成，主题曲的歌词也已完成。谁来承担作曲任务？聂耳无疑是这一工作的不二人选。

田汉等左翼文艺工作者的相继被捕，让聂耳感到义愤填膺，同时也唤起他的创作激情。当他听说电影结尾有一首主题歌时，他主动向夏衍请缨，按夏衍的说法叫“抢工作”，要求担当起《义勇军进行曲》的作曲任务。于伶见证了聂耳“抢工作”的历史一刻。夏衍完成剧本后，约孙师毅交稿，但是当天孙师毅已经和于伶有约，三人便一起聚在了孙师毅家。没想到，聂耳也一团火似的来到孙家。在场的人都清晰地记得，聂耳见到夏衍，第一句话就是：“听说《风云儿女》的结尾有一主题歌？”夏衍把剧本递给了聂耳。聂耳俨然早已知晓了剧本的相关内容，他立即翻到最后一页找到歌词，念了两遍后，热情兴奋而且认真严肃地说：“作曲交给我，我干！”还没等到夏衍回答，聂耳伸出手来紧紧握住夏衍，又重复了一遍：“我干！交给我。”并用无比笃定的语气补充说：“田先生一定会同意的。”

夏衍当然无法拒绝，何况夏衍也从未想要拒绝。1933年年初，聂耳入党时，夏衍便是监誓人。看着眼前兴奋得满脸通红的聂耳，夏衍仿佛又看到了两年前入党宣誓时的那个年轻人。他目光坚定，他拳头紧握，他的心里有一团不灭的火。两年来，夏衍眼见着聂耳以多种方式参与到革命的斗争实践中，革命理想和政治信仰越发坚定，艺术创业也越发成熟。把作曲的任务交给聂耳，无论是从艺术还是政治上，夏衍都是放心的。孙师毅抄了一页歌词给聂耳，聂耳拿着歌词，如获至宝。夏衍还是叮嘱了聂耳一句，为电影歌曲作曲需经过导演许幸之的同意。

聂耳找到了许幸之，依然是一团火似的热情：“把作曲任务交给我吧！我保证好好完成！”两位青年虽然是第一次见面，但共同的理想却让二人一见如故相谈甚欢。不仅作曲任务是交给聂耳的，许幸之还敏锐地发现聂耳具有表演才能，与剧本中的男二号梁质夫的气质有共同之处。于是，许幸之直截了当地问道：“除了作曲之外，还有一个任务要配给你，你干不干？”聂耳回答得也很干脆：“什么任务？你说吧！”许幸之给聂耳简单讲了《风云儿女》的剧本故事，并说主角辛白华和阿凤已经由袁牧之和王人美担任，重要配角梁质夫是一个富有革命理想的热血青年，还没有找到人出演。“我一眼看中了你，无论是从气质、性格、体态外形上，这个角色由你老兄来扮演最为理想。怎么样？”“行！”聂耳本来就热爱表演，马上就爽快地答应了。可惜的是，聂耳后面因为被迫紧急出国，未能出演这一角色，而由顾梦鹤扮演。①

3月的上海，乍暖还寒，但是拿着歌词的聂耳心中却有按不住的热情，他脚步匆匆飞一般地回到霞飞路（今淮海中路）1258号的三楼狭小简陋的亭子间。坐在钢琴前，聂耳早已把歌词牢牢记在了心里，短短的六句词不断在他的脑子中循环：

起来，不愿做奴隶的人们，
把血肉来筑我们新的长城。
中国民族到了最危险的时候了，
每一个人被迫着发出最后的吼声。
我们万众一心，
冒着敌人的炮火前进！

“起来——前进——起来——”聂耳的口中念念有词，他的脑子停不下来，他不断地问自己：该用怎样的音符表现出“起来”的果决？该用怎样的节奏表现出“前进”的坚定？该用怎样的旋律表现出中国人民的不屈和反抗？在钢琴前，他不断地站起又坐下，坐下又起来；他在屋里来回走动；他在桌子上打着拍子；他的手指无数次悬在琴键上，却又迟迟没有落下……他担心，他担心敲不出有力的音符，他担心没能传递出还在牢狱中的田汉的心声，他担心不能喊出中国人心底的愤懑激起中华民族的反抗！

不断地思索，不断地徘徊，不断地寻找，歌词在聂耳的脑海里幻化成了画面：他又看到了九一八事变的炮火，他又听到了“一·二八”事变的炮声，他看到了战火在无情地蔓延，无数的中国人流离失所甚至失去生命，他看到了多年前那个被推下火车轧断腿的小女孩……他也看到了“小毛头”天真的笑脸，还有永远平静地在云

① 许幸之：《忆聂耳》，载《聂耳全集》编辑委员会编《聂耳全集（增订版）》下卷，文化艺术出版社2011年版。

南等自己回家的母亲……轰鸣的炮火声中，他想要抓住这些天真、平静、简单的应该属于每个中国人的幸福。出路在哪里？希望在哪里？飞机大炮我们战胜不了吗？帝国列强我们赶不出去吗？不是的，不会的，我们一定会胜利我们必须要胜利。他看到了奋勇抵抗的义勇军，他们流血牺牲，但他们前赴后继，他们同仇敌忾，他们一直前进！对，前进！就是要一起前进！要写一首进行曲，比《马赛曲》更雄壮的进行曲！他也想起了在清华园演奏《国际歌》的画面，看到了台下观众随着《国际歌》的曲调而渐渐坚毅的眼神。是的，要写一首像《国际歌》一样把中国同胞拧在一起的歌曲，比《国际歌》更明快更有力！

再次坐在钢琴前，曲调如潮水般从聂耳的指尖从聂耳的心里奔涌出来。他采用了纯四度的音程，以弱拍开头，振奋人心又沉稳有力地呼唤着民众“起来”；他采用了G大调的曲调，以大三和弦分解的号角音调为主调，雄壮有力地唱出了中国人“不愿做奴隶”，愿以“血肉来筑我们新的长城”的呐喊；整首曲子没有大的音符跳跃，宽广明亮、朗朗上口，便于传唱；同时，聂耳又多用短句、常在主音上结尾，这让每一句的曲调都干脆流利地撞击听众的内心……

初稿完成后，聂耳兴冲冲地拿给许幸之看。许幸之说：“你是不是受了《国际歌》和《马赛曲》的一些影响？”“是啊！”聂耳很坦率地承认，“但是它比《国际歌》更明快，比《马赛曲》更激昂，你感觉不到吗？”没错，这就是聂耳所期待的属于中国人的进行曲，他在西方音乐大调型的曲调中融入了民间调式中小调型的音调，音乐语言清晰又丰富，慷慨激昂、铿锵有力、明快乐观……聂耳当时并没有想到，这首曲子将来会被定为中华人民共和国国歌，唱响在中国革命、建设与发展的每个时刻。他在当时还要苦恼房东因为他创作的激情而把他赶出去。

他对许幸之说：“我几乎废寝忘食，夜以继日，一会儿在桌子上打拍子，一会儿坐在钢琴面前弹琴，一会儿在楼板上不停走动，一会儿又高声地唱起来。房东老太太可不答应了，以为我发了疯，并向我下逐客令，我只好再三向她表示对不起，最后她才息了怒。”“没有把你赶走，或者把你送到疯人医院去，就算是便宜你了。”不过，白俄房东终究还是下了“逐客令”，再加上身体的原因，聂耳搬离了霞飞路1258号，他要另谋住处。可是他还要继续创作继续修改《义勇军进行曲》。所幸，电通公司的创办者司徒慧敏是热情好客的人，他邀请聂耳到家里住，继续创作。司徒慧敏的老母亲“长婆”与司徒夫妇非常欢迎聂耳的到来。根据司徒慧敏的女儿司徒恩湄[①]回忆，聂耳便在司徒家创作修改曲谱。

那时我们家住在（上海）大连湾路一个二层楼上，家里没有小孩。有一天，我爸爸对母亲说：“聂耳来我们家作曲行吗？”母亲说：“怎么不行啊？叫他来吧！”聂耳来了之后，彼此熟悉了，我母亲才知道聂耳住处是个亭子间，实际上是个小阁楼，爬上去就是块铺板（床位），没处放桌子，没法写曲子，到别处写又不安全。聂耳来了，就在我家客厅写，其实那客厅按现在的说法只是一个过道（或叫小门厅），地方很小，放着一个三屉桌和两把木头椅子。聂耳就在那里写，一边写一边打着拍子唱。我祖母就坐在一旁专心地听着、看着。那时，我祖母还说：“是啊！我也是个不愿做奴隶的人啊！”等我母亲做好了饭，叫聂耳一同吃时，聂耳吃饭间仍在专心思索，吃着吃着又情不自禁地举起筷子挥动着手，一边指挥一边唱了起来。无论是在书桌前，还是在饭桌上，总是从头唱“起来，不愿做奴隶的人们……”，唱得很带劲儿。因为每次总从头唱“起来，不愿做……”我祖母对“起来”这两个字印象深了，于是就给聂耳起了个外号，叫“起来”。有一次中午时分聂耳来叫门，我祖母去

① 司徒恩湄，退休前是北京西城区教育局、西城教育教学研究中心教研员。她在回忆文章《忆父亲二三事》中，生动具体地讲述了聂耳创作修改《义勇军进行曲》的情景。

开门，马上喊我母亲："雪琼啊，起来，又来了，快，（煮饭）多加点米吧！"

除了对曲调细节的反复琢磨，聂耳谱曲时还对歌词进行了精辟的修改。由于田汉的《义勇军进行曲》歌词初稿是一首自由体诗，各句字数不同、长短不一，要为这样的歌词配曲是有难度的。根据许幸之的回忆，聂耳谱曲初成之后，"向青年学生、工人、知识分子、中年人、老年人，甚至文化程度不高或者不识字的人请教，他像一个天真的孩子一样，不管你愿意听或者不愿意听，他总是引吭高歌。他又像小学生一样，每节、每句地听取别人的意见，不断地加以修改完善"。在谱曲创作过程中，为了使词曲配合得更加顺畅有力，聂耳和孙师毅、许幸之商量，大胆地对歌词作了多处修改，让它节奏分明又浑然一体。这也是我们现在看到的《义勇军进行曲》的歌词。

起来！不愿做奴隶的人们！
把我们的血肉筑成我们新的长城！
中华民族到了最危险的时候，
每个人被迫着发出最后的吼声。
起来！起来！起来！
我们万众一心，
冒着敌人的炮火，前进！
冒着敌人的炮火，前进！
前进！前进！进！

在歌词开头将"起来"与"不愿"完全分开，又在中间的句末加上了休止符以作强调；在歌词中段添加了3个"起来"。这3个"起来"，增强了这首歌的激情与号召力，它把旋律引向了高潮，而且正处于全曲结构上的"黄金分割点"，表现了中国人百折不挠的精神。

而最后一句的处理，更是体现出聂耳与伙伴的大胆，昂扬的进行曲如何进行强有力的结尾一直是困扰聂耳的问题。最终，在与许幸之的讨论和反复的琢磨之后，在原歌词“前进！前进！”后面又增加了一个“进”字，增加了叠句，以铿锵有力的休止符来煞尾，把中国人民向前挺进时的果决、坚定、勇敢表现得更加强烈。

田汉于1935年7月从南京宪兵司令部出狱，那天听到此歌，非常兴奋：“感谢聂耳同志的作曲，把这短短的几句话处理得非常明快有力。他的曲子充满着饱满的政治热情。在全国人民忍无可忍、迫切要求反帝抗日的时候，恰恰表达了千万人的心声。”多年以后，田汉在回忆文章中心写道：“他没有受过正规的音乐教育，但他天才甚高，有强烈的民族感情、阶级感情，又勇于学习。他的作曲爽朗明快，善于处理在别人很不易驾驭的语句，这歌词中‘中华民族到了最危险的时候，每一个人被迫着发出最后的吼声’被认为是很不易驾驭的，而他处理得很自然有力。”

然而，就在聂耳完成《义勇军进行曲》曲谱初稿没几天，他也被列入国民党政府黑名单。他是在4月1日从于伶那里听到的这个消息，很是震惊！在日记中写道：“晴天的霹雳到来了！”党组织为了保护和培养年轻且具有音乐才华的聂耳，迅速决定派他出国留学，由日本转道巴黎去苏联。

去国远行，虽然突然，但聂耳也能坦然接受，他也愿意利用这次机会接受专业学习，他想要提高自己，这样才能实现自己以音乐鼓舞民众、改变社会的理想。可是，时间是如此紧张，他要争分夺秒地修改《义勇军进行曲》。就在出国前一天，即1935年4月14日，他还亲自到荆州路405号电通公司摄影棚用简谱初稿试唱，仔细倾听司徒慧敏和张云乔等人的修改意见。在张云乔的回忆文章中，我们“看”到了当时的情景。

> 一天清晨，我在去公司上班的电车上巧遇聂耳，我们并肩坐在一起。我问聂耳《义勇军进行曲》的曲谱写好了没有。聂耳兴

奋地说："干了几个通宵，终于写出来了，但还没人听过。"我说："快让我听听！"聂耳便低声地哼起来。我立即被这支曲子的激昂旋律深深打动了。当他哼完最后一句时，我竟然忘情地拍掌叫好！这一叫不要紧，把前后的乘客吓了一跳，纷纷扭头看我们。我赶紧压低音量说："聂耳，你谱的这首歌充满了激情，准能流行。"我又向聂耳提出疑问，为什么这首曲子的音符从头到尾没有"4（fa）"？聂耳答："如果用了4，就不够有力了！"

我们一起走进摄影棚（电通公司），我迫不及待地向在场的工作人员宣布：

"（《义勇军进行曲》）曲谱写好了！"在场的人当即将这首简谱抄了一份，然后大家围坐在一起试唱，越唱越有劲唱完之后，一齐噼噼啪啪地鼓起掌了。那个场面，至今回想起来还让我激动不已哩。

聂耳创作的《义勇军进行曲》手稿

歌曲获得了大家的一致好评，但聂耳还是仔细倾听朋友们的意见，决心尽最后的努力去修改。这时他向司徒慧敏提出，要求把未完成稿带到日本去修改。尽管司徒慧敏担心“赶不及《风云儿女》的后期录音”，但他那种追求艺术上的完美、永不满足的精神和毅力还是打动了所有人。1935年4月15日清晨，聂耳从上海汇山码头乘“长崎丸”轮船赴日本，把《义勇军进行曲》的初稿带到日本修改。

聂耳离开上海前，对夏衍等人表示，这支歌曲定稿后一定尽快寄回来，不会延误影片的摄制。到日本后，他首先考虑《义勇军进行曲》的修改和定稿，约在4月下旬，聂耳终于完成了修改工作并从日本将《义勇军进行曲》曲谱定稿寄回上海，孙师毅和司徒慧敏收到后交给《风云儿女》摄制组。

《风云儿女》的首映

电影歌曲，当时的做法是先把演唱录音灌制成唱片，然后再转录到电影胶片上。1935年5月，《风云儿女》的拍摄已经接近尾声，但是主题歌《义勇军进行曲》尚未录音。承担《义勇军进行曲》唱片录音工作的是百代公司，负责人是百代公司音乐部主任任光，时间紧张，演唱《义勇军进行曲》的是由电通公司的7名工作人员组成的临时合唱队。

虽然合唱队是临时组建的，但短短几天，1935年5月9日，电影《风云儿女》唱片录制完成，共有四轮歌乐，总时长2分50秒。因为合唱队中司徒慧敏、顾梦鹤来自广东，郑君里祖籍也是南粤，三人的吐字发音还保留广东话的味道，再加之来自宁波的袁牧之国语也不能算是纯正，所以首版灌录的《义勇军进行曲》带有明显的南方口音。

唱片出来后，《风云儿女》摄制组也准备好了拍摄该片的最后一幕。实拍的那天晚上，为了防范国民党特务的冲闯，《风云儿女》摄制组成员一直等到夜深人静，在确定摄影棚外没有异常情况之后，许幸之才下令开拍。

在长城抗战中，辛白华与阿凤重逢了。在他们“同胞们，起来”的声声召唤下，逃难的群众不再畏缩躲避，他们拔出刀、操起农具、拿起枪、点燃火把，发出不屈的吼声：“冲！”“杀！”“团结起来！”“民族万岁！”男女老幼，所有不愿做亡国奴的人们汇成不屈的洪流，挺身御侮。战鼓敲响了，军号吹响了，进行曲唱起来了：“起来！不愿做奴隶的人们！……”

歌曲使表演的激情倍增，许幸之生怕声音太响惊动周边，再三关照大家压低嗓音。直到相关镜头拍完，一切平安无事，这才算是松了一口气。

从1935年5月6日开始，上海各大报纸纷纷刊登出《风云儿女》公演广告。

4月8日，上海并向公众免费发放《义勇军进行曲》歌词，索要者踊跃。

“再唱一次胜利的凯歌！再掷一颗强烈的炮弹！”5月24日，《风云儿女》在上海金城大戏院（今北京东路780号的黄浦剧场）首映。这句话出现在当天《中华日报》电影的宣传广告上。

由于《义勇军进行曲》集中地概括了《风云儿女》的主题，深刻地反映了当时全国各阶层强烈要求抗日救国的爱国主义精神，所以金城大戏院从公映《风云儿女》第一天起，场场爆满。大部分观众不单单是为了观赏电影，更是为了听唱和学唱《义勇军进行曲》。这首主题歌就像根导火索，点燃了人们心中的爱国热情。许多人为了学会这首歌，到金城大戏院一场又一场地观看《风云儿女》电影，不久就出现了电影院内银幕上下一起高声歌唱《义勇军进行曲》的动人场面。

学会唱《义勇军进行曲》的观众，后来不再买票入场，而是聚集在场外大厅里一起唱《义勇军进行曲》。

《义勇军进行曲》歌谱先后在1935年5月11日《中华日报》副刊版和6月1日出版的《电通》画报第二期上发表。

《晨报》刊载的《风云儿女》宣传海报

那些日子，日日夜夜、场内场外，《义勇军进行曲》的歌声激动着人、鼓舞着人，作为影片的主题歌，《义勇军进行曲》代表了中华民族的心声。《心报》的电影宣传广告上写着：“开映已逾一周，卖座仍然拥挤。”

接下来，随着影片的放映，《义勇军进行曲》开始大范围地在上海民众中传唱，出现了哪里上映《风云儿女》，哪里就有《义勇军进行曲》歌声的盛况，因为这首歌曲唱出了中国人民的心声。孟波、麦新编辑《大众歌声》，将这首歌编进了第一期；吕冀到上海电台教唱歌曲，曲目也是这首歌；南市公共体育馆开群众大会，基督教青年会总干事刘良模上台，指挥千人高唱《义勇军进行曲》。

《义勇军进行曲》引起全国共鸣，全国各地的学生、工人、爱国民主人士和支持中国的国际友好人士，在集会上、在游行中都放声高唱《义勇军进行曲》等抗日爱国歌曲。整个中华大地，和着《义勇军进行曲》的歌声，掀起了抗日救亡的新高潮。

《义勇军进行曲》很快传遍大江南北、长城内外，成为中国各族人民反抗日本侵略者的高昂战歌。从城市到农村，无数中华民族的优秀儿女，高唱着、呼喊着“把我们的血肉，筑成我们新的长城！”，冒着日本侵略者的炮火，不惧流血牺牲，英勇冲锋陷阵，为挽救祖国和民族的危亡，与日本侵略者血战到底！

著名画家、音乐家丰子恺曾回忆，他从浙江经过江西、湖南，来到汉口，在沿途各地逗留时，抗战歌曲不绝于耳，连荒山中的三家村也有“起来！起来！”“前进！前进！”的声音出自村夫牧童之口。1935年，具有诗人气质的画家徐悲鸿在听了《义勇军进行曲》后挥毫题诗评价道：“垂死之病夫偏有强烈之呼吸，消沉之民族里乃有田汉之呼声，其音猛烈雄壮，闻其节调乃知，此人之必不死，其民族之必不忘！”

赴日本魂归大海

在“白色恐怖”下，聂耳离开上海，来到了日本。在生命中的最后90天内，他的生活特别充实。聂耳坚决执行了出国之前制订的四个“三月计划”——突破语言关，进行社会调查，结识日本文化界进步人士；在坚持参加各项文艺活动的同时，努力提高日文的读写能力，加强音乐技术修养；开始翻译和试作新的音乐作品；在巩固以上几个阶段的学习成绩之外，开始俄语学习，并整理已经创作的作品，为旅欧做准备。总之，在日期间，聂耳刻苦学习，辛勤耕耘，广交朋友，开阔眼界，使自己的音乐修养得以全面提升。可惜天妒英才，他在可以尽情地为国而歌的黄金年华，不幸魂归大海。不过，聂耳的英名永驻，他的精神，将不断鼓舞着华夏儿女前进！

流亡异乡

此人之必不死，其民族之必不忘！

聂耳英年早逝，但是，他所创造的光辉业绩，中华民族怎能忘却！人民怎能忘却！

人生风云难测，聂耳在事业辉煌的时刻，却遇到了危机。这一决定其命运的转折，又是如何发生的？

就在聂耳完成《义勇军进行曲》初稿以后不久，1935年4月1日，他突然接到上级通知：自己的行踪，已经引起了敌人的注意。党组织为了他的安全起见，决定让他暂时先到日本避居，过一段时间再送他到欧洲，进行音乐上的深造。

当田汉等人被捕后，聂耳对于敌人迟早会把魔爪伸向自己，就已经有所警惕。并且，出国深造，也是他多年的梦想。他本打算在上海经历一番磨炼，取得显著进步然后回到家乡，搜集一些民间歌曲小调，作为下一步音乐创作的积累，然后再力争公费出国学习。

如今，突然得知要到国外，聂耳还是有点接受不了。因为他眼下要做的事情，实在是太多了！摆在面前的任务就有：既要为电影《无愁君子》配音，为电影《都市风光》作曲，还要为《义勇军进行曲》最终定稿，征求他素来尊敬的田汉的意见。更何况，自己的事业正如火如荼地开展——从去年到现在，创作的30多首歌曲，在社会上广泛流传，引起了强烈的反响。

可以说，聂耳的创作，正处于喷薄欲出、欲罢不能的激情时刻，此时突然中断事业，当然很不情愿。

不过，经过一番冷静的思考，聂耳最后还是接受了组织的安排。为国而歌，是他的人生夙愿。有机会到异国，扩充自己的见闻，毕竟也是难得的机遇。

聂耳还有一事不能释怀，就是他正与吕骥一起，给电影《风云儿女》合成音乐。吕骥与聂耳一样，也是自幼喜爱音乐，会演奏多种乐器。他曾三次进上海国立音专学习音乐，1932年参加左翼剧联，后与陈荒煤、张庚等成立武汉剧联，1933年回到上海，与聂耳相识。

聂耳与比自己年长三岁的吕骥，虽相识不过两年，但是已经结下了深厚的友谊，平时就尊称吕骥为兄。此刻，聂耳认真地把为《风云儿女》合成音乐一事，交付给吕骥，并对他承诺把《义勇军进行曲》尽快修改寄回。

还有一件让聂耳非常牵挂的事情，那就是如何与敬爱的母亲作别。来上海之后，已经四年多没有与母亲见面了。突如其来的变化，又让自己即将与母亲经历更远的离别。

奉母至孝的聂耳，为免去母亲的牵挂，编织了善意的谎言。仓促之间，他到哪里去找公费的资助？一切费用，都是他自己筹措的——不但要向朋友借款，还要勉为其难地到欠他费用的公司催讨！

聂耳要远赴日本的消息，很快被来自云南现在上海的朋友知道了，大家都纷纷来与他作别。

艾思奇给聂耳看了来自云南的一封信，信里讲述了班洪事件，即家乡各族人民勠力同心，赶走了欲掠夺当地银矿的英国侵略者。聂耳十分欣慰地说："我们云南人没有给老祖宗丢脸！"艾思奇闻听此言，马上提起了《义勇军进行曲》："就像你谱的这支歌一样，只要万众一心就有了摧毁一切的力量！"聂耳会心地点了点头。

离开上海的前一天，文艺界的朋友赵丹、郑君里、贺绿汀、唐纳、孙师毅等人，到长江饭店为聂耳饯行。大家在依依不舍中，为聂耳送上了诚挚的祝福。4月15日下午，夏衍、司徒慧敏到住地送别聂耳。聂耳坚决拒绝朋友送他到码头，因为这样对大家来讲，也不安全。

就在自身处于危急时刻，还一心想着朋友的安危，这就是聂耳！

就这样，聂耳孤身一人，带着简单的行李，拎着不能离身的提琴盒，到汇山码头，登上了开往东京的"长崎丸"号。

别了，伟大的祖国！聂耳惆怅不已地向无比热爱的这块土地，予以深情的道别。他不知道，在异国，等待他的，将会是什么！更不会知道，这是他第一次离开祖国，也是他与祖国的最后道别！

初到日本后，聂耳并未有过多的孤独感。明治维新后，中国有许多学子到日本留学。因此，聂耳很快就结交了一些志同道合的友人。尤其是与在日本的云南朋友异地相逢，令聂耳倍感亲切。张天虚年长聂耳三个月，1930年加入左联，他早于聂耳一个月到日本避难。二人在国内的时候，就结下了深厚的友谊。聂耳来日后，就先找到张天虚安顿下来。

1935年4月，聂耳（左一）与张鹤、日语教师等友人在日本隅田公园留影

聂耳没有片刻安闲，就开始忙碌起来。他在来日之前，就制订了出国学习的四个“三月计划”，即每三个月完成一个计划：第一个“三月计划”的重点，是突破语言关，同时进行社会调查，结识日本文化界进步人士。第二个“三月计划”，是在坚持参加各项文艺活动的同时，努力提高日文的读写能力，加强音乐技术修养。第三个“三月计划”，是开始翻译和试作新的音乐作品。第四个“三月计划”，是在巩固以上几个阶段的学习成绩之外，开始俄语学习，并整理已经创作的作品，为旅欧做准备。

人民音乐家聂耳，未曾想到自己的人生已经进入倒计时，可是他为国而歌的理想却永远不灭!

聂耳脚踏实地地着手实施自己制订的计划。他先是在张天虚的帮助下，迫不及待地到东亚日语补习学校报名听课。接着，他又马上开始了《义勇军进行曲》的修改工作。

到日本后，聂耳一方面感受到了日本革命友人的友好，另一方面亦领会到日本军国主义者对于中国的狼子野心。他对祖国的热爱，越发强烈了。与此同时，聂耳的党性修养越发坚定。他相信，只有在中国共产党的领导下，才会有一个新的中国诞生。怀着对祖国的热爱，对党的忠诚，聂耳对《义勇军进行曲》进行了无比认真地修改，甚至对每个音符，都反复推敲。

《义勇军进行曲》修改好后，聂耳招来一群好友，教他们唱，并广泛听取意见，并予以完善。终于，一首震古烁今的伟大乐曲最终定稿!

5月初，聂耳把《义勇军进行曲》定稿寄给国内的孙师毅和司徒慧敏，并由他们转交《风云儿女》剧组。从此，一首永远激励中华儿女奋勇前进的歌曲，响彻华夏大地!

为了更好地学习日语，聂耳不时严苛地督促自己。他觉得，如果跟中国留学生在一起，不利于日语环境的适应。因此，他约上张天虚和另一名云南同乡杨式谷，住进神田区神保町的一个日本人家里。恰好房东家有一位名叫渡边妙子的小学老师，聂耳搬进去当天便请她做了语言教员。妙子对聂耳颇有好感，每月只收取5元的学费。为了方便学习，聂耳还买了一台四灯无线电收音机。

聂耳在上海时就学过日语，因此有一定基础，加之天道酬勤，通过刻苦学习，他来日后的第一个“三月计划”，只用两个月就提前实现了。为此，他给孙师毅写了一封信：

师毅：

很久不接你的信，在忙着《压岁钱》吧？前几天寄的剪报

收到否？

这一月来忙于“艺术座谈会”的事，就是负音乐方面的责任，此外还参加戏剧和诗歌座谈会，大家都有很浓的兴趣。

本来我是预备三个月计划日本普通会话学个大概，结果，仅仅两月功夫便全部实现，这不是没有原因，请看我的战略吧！

按理由说，住在神田区是最不容易日本话进步的，因为中国人比较多的缘故，可是我有我的方法，使它毫无一点障碍；房东妹妹，年三十，小学教员，我一搬进去便开始做我的会话教员，每天1小时，每月学费5元，此其一。25元买了一个四灯无线电收音机，除了可以具体地而且有系统地研究日本的音乐活动外，当然是练习听话的工具，因为每天都有许多讲座和讲演，此其二。到现在为止，常在一块的日本朋友有六七人，他们都是戏剧音乐方面的，此其三。除星期日艺术聚餐会是吃中国饭，大讲中国话外，每天都是吃日本饭，此其四。其他还有些可以帮助日本话进步的小动作可不必讲述。老兄：你该庆祝我的第一“三月计划”二月成功！

…………

耳上

可见，作为青年人的聂耳，在此事上颇为自得，体现出活泼可爱的一面。聂耳仍旧高效率地执行着个人计划。除了学习日语，他忙于音乐学习，并积极参加一些文化交流活动。在当时留日的中国学生中，有一大批是文艺活动的积极参与者和组织者，他们经常定期和不定期地组织一些演讲会、座谈会之类的活动。6月2日，聂耳出席了在东京中华青年会馆举行的第五次留日艺术界聚餐会，并应邀在会上以《最近中国音乐界的总检讨》为题，作了两个多小时的精彩讲演。他细致而精辟地为听众讲评了国内音乐界的现状：

“中国的乐坛大体可以分为三个阵营，一个是代表中国传统的音乐群，因其思想保守，封建意识较为浓厚，极易受到政府利用，他们的工作就是死命制作古典歌曲，后来看见《毛毛雨》之类的音乐抬头，发觉与人民大众相去甚远，为了取得大众的信任也曾作了许多如《吐痰歌》《新生活影》之类的半新不旧的东西，但是，因为意识落后，抱残守缺，作品内容枯燥，结果只能供政府御用之外，在大众中没有一点市场，像国立音专的肖友梅就属这一类。第二便是《毛毛雨》派的黎锦晖先生等，他们的作品虽风行一时，取得小市民们一时颂歌，但因内容与封建意识相抵触，政府也反对，大众更唾弃，最重要的是与人民大众所关心的不是一回事，新兴音乐一登台，它们便立时失去了人们的同情，只好更弦易辙，不然只能进入死胡同。第三是以《渔光曲》为代表的大众音乐，因其方向对头，人民大众便把它看作了自己的音乐，它是代表大众心声的，所以理所当然地受到欢迎，虽然《渔光曲》替人民诉说了一定的痛苦，但它的调子是低沉的悲观的，它的呼声也是无力的微弱的，不能给人民更多的满足，于是《码头工人歌》《逃亡》《开路先锋》等歌曲应运而生，它们异军突起，在乐坛上放出了光芒，它起到了鼓舞人心勇猛奋起的战斗作用，代表着乐坛的新倾向，携着革命大众向最新的境域前进！”

兴之所至，聂耳手用力一挥，唱了起来：

> 轰！轰！轰！
> 哈哈哈哈，轰！
> 我们是开路先锋，
> 不怕你关山千万重！
> …………

聂耳所讲述的内容，正是他本人以人民大众为本位的音乐观的生动呈现。音乐的灵感和激情只能来自生活，而优秀的音乐作品必然是为人民大众服务的。聂耳作为人民音乐家，其作品不是个人天才的产物，而是时代的产物，是革命斗争的产物。

聂耳在其短暂的人生旅程中，积极参加学生运动，宣传革命思想。他始终把音乐创作，与中国共产党领导的革命斗争紧密结合在一起，和工农劳苦大众的现实生活密切相连，在作品中反映人民的疾苦、抗争、祈愿，以及喜怒哀乐。而伟大的《义勇军进行曲》，更是中华儿女反帝反封建、争取民族独立的高亢嘹亮的号角。

聂耳的激情演讲，引起了听众的强烈共鸣。演讲刚一结束，全场便响起了雷鸣般的掌声，不绝于耳的欢呼声此起彼伏。听众中有著名诗人杜宣、蒲风以及伊文、张天虚、杨式谷等人。

1935年春，聂耳在日本东京东亚日语补习学校第八班与同学合影

杜宣赞不绝口地说："真看不出，聂耳不但是个音乐家，还是一个大鼓动家和演说家呢！"伊文则对张天虚说："你这位老乡能以深刻的眼光去分析批判中国乐坛的现状，能从极贫困的生活中锻炼出成熟的音乐技巧，能站在斗争的最前线去领导中国的新兴乐坛，真是了不起！""是啊，新兴音乐的内容和形式的雏形，已经在以他为首的一批创作者那里显现，照此走下去，一条宽阔的音乐大道就会出现在人们面前。"张天虚说。

从这次演讲开始，聂耳在日本名声大振，一大批进步青年被吸引到了他的身边。

可见，即使在异国他乡，聂耳也从未忘却为国而歌的光荣使命。

苦学不辍

“明天开始新计划，随时不忘的是‘读书！’‘拉琴！’”这是聂耳最后一天日记中的话。

是啊，学无止境，人民音乐家聂耳，在生命的最后时刻，仍旧不忘用音乐来充实自己的人生，以此实现其为国而歌的伟大使命。

在无尽的求知欲支配下，聂耳利用一切机会，去接触日本的文艺界。通过刻苦学习，聂耳的日语水平进步神速，语言能力的提高，使其很快就结识了一些志同道合的日本朋友。

聂耳的语言教师妙子，也是个很爱学习的人。她恳请聂耳，每天为她演奏一支歌曲，然后讲解给她听，以此来提高自己的音乐欣赏水平。聂耳对此欣然同意，这不但可以督促自己提高演奏技艺，还可以逼迫自己学习一些音乐方面的词汇。

一天，聂耳为妙子演奏了自己谱写的《回春之曲》中的《告别南洋》。在美妙的旋律中，聂耳一边拉琴，一边动情地流下了泪水。此情此景，令妙子也深受感动。妙子或许不能理解聂耳洒泪的真实心理。也许是田汉所作的歌词，引起了聂耳强烈的共鸣：

再会吧！南洋！
你海波绿，海云长，
你是我们第二的故乡，
我们民族的血汗，
洒遍了这几百个荒凉的岛上，
再会吧，南洋！
你椰子肥，豆蔻香，
你受着自然的丰富的供养，

但在帝国主义的剥削下，
千百万被压迫者都闹着饥荒。
再会吧，南洋！
你不见尸横着长白山，
血流着黑龙江？
这是中华民族的存亡。
再会吧，南洋！
再会吧，南洋！
我们要去争取一线光明的希望。

是啊，聂耳此时此刻，正是为满目疮痍的祖国忧虑挂怀不已！

在张天虚与陶也先的介绍下，聂耳还结识了日本文艺团体新协剧团的艺术家，如著名戏剧家秋田雨雀、从事戏剧工作的滨田实弘，以及来自朝鲜的照明师李相南。李相南属于外向型性格，与聂耳性情相投，二人很快成了密友。

在短暂的接触中，秋田雨雀、滨田实弘不但与聂耳谈论了许多文艺创作方面的话题，还对于日本侵略者对东北三省的占领，向聂耳予以咨询。

听闻聂耳的讲述，秋田雨雀认为：日本军国主义者的行径，违反了广大日本人民的意愿，这些人打着“日满亲善”的幌子，实际上是满足自己侵略掠夺的野心，迟早会遭到历史的惩罚。

滨田实弘则说：“谁也破坏不了中日人民的友谊，我们搞戏剧的要在这方面带个头，创作些反对侵略、歌颂友谊的节目。”就这样，通过与反对军国主义者侵华的日本作家的交往，聂耳对于日本文艺界有了进一步的了解——日本文艺家也有左翼、右翼之分。对于对中国人民饱含深情的左翼文人，聂耳充满了敬意，也更愿意与他们交往。

日本音乐界之活跃，极为惊人，几乎每天都有独奏会，有的时候甚至有两三场以上。这对聂耳来说，不啻如鱼得水，只要有时间，他几乎不放过任何一次观赏学习机会。从著名的新日本交响乐团的高级音乐会，到“宝冢”少女歌剧团的歌舞晚会，再到一些业余的儿童歌舞会，他都找时间去观看。

可见，聂耳虽然谱写出《义勇军进行曲》这样的伟大篇章，对自己的要求不但没有放松，而是更加强了！日本良好的音乐环境，促使聂耳不放过任何机会，如饥似渴地吸收着宝贵的音乐养分。

在小提琴大师埃弗伦·津巴利斯特的音乐会上，聂耳如痴如醉地欣赏了奥地利作曲家莫扎特的《A大调第五小提琴协奏曲》、德国作曲家门德尔松的《e小调提琴协奏曲》、俄国作曲家格林卡的歌剧《卢斯兰与柳德米拉》序曲以及捷克作曲家斯美塔那的交响诗套曲《我的祖国》第二乐章“摩尔塔瓦河”。他甚至找到了大师的照片，让其签名。这种看似“追星”的举动，正折射出聂耳对于高雅艺术的无限热爱！

聂耳极有兴致地观看了新筑地剧团排演的《坂本龙马》。剧作者用现代的手法，为历史增添了新的意识。聂耳从剧作中感悟到，崇拜英雄偶像是不可靠的，以个人力量推翻旧的统治力量，会使新的统治力量不断滋生。要彻底颠覆旧势力，还要靠集体的力量，进行坚决的斗争。

聂耳对《坂本龙马》有了强烈的共鸣，充分感受到革命的热情。这样的剧作，与其本人为大众服务的、充满战斗精神的文艺观极为吻合，难怪他看完以后情绪高涨、热血沸腾。

此后，聂耳格外关注新筑地剧团的动向。当听说剧团要开演讲会的时候，他就赶了过去。他在会场上足足站了三四个小时，听取了岛田敬一先生的《日本新之活动》和《坂本龙马》导演佐佐木孝九先生的《新剧的现状》的演讲。随后，聂耳又欣赏了独幕剧《不是交易》。这些既让聂耳大开眼界，也令他充分思考了自己未来创作要应对和解决的问题。

作为年轻的艺术家，聂耳格外关注乐坛新生力量的举动。5月2

日至3日，日本四大报纸之一的读卖新闻社主办的“全日本新人演奏会”，由日本高等音乐学校、大阪音乐学校、神户文学院音乐部、帝国高等音乐学院等10所院校的优秀学生参加演出。聂耳从头至尾地观看了演出，对他而言，这是一场音乐的盛宴，也使他在同为年轻人的演出中，对于自身的创作，有了更为深入的反思。

聂耳并非对异邦文化照单全收，而是从不忘甄别思索，予以客观评价。在李相南介绍下，看了“创作座”剧团演出的三个独幕剧《母亲》《筑地明石町》《赤鬼》之后，聂耳并未觉得有什么特别之处。据说该团重视技巧，但是聂耳觉得他们的表演既未见精彩，剧作主题也很琐碎平常。

尽管如此，聂耳还是能去粗取精，了解了剧场设施、剧团结构、组织领导等剧作不可或缺的相关环节。与此同时，聂耳还对观众做了一些调查。就这样，他很快就与日本的一些文艺团体建立了联系。

此外，聂耳对日本音乐中的一些糟粕，进行了批判和质疑。比如，他与张天虚、杨式谷在一次音乐会上，听到以“满洲国”为题材的行进曲《兰花》《戴冠式钟》和幻想曲《日满亲善》，便抑制不住愤怒，对其予以强烈批判。

7月，日本的学校都放假了，大部分中国留日学生都去海滨避暑度假。早在5月，聂耳曾随东亚日语补习学校的同学去“潮干狩”海岸游玩。他在海滩上捉螃蟹，捡海螺，十分快活！

这次，聂耳想利用假期的机会，了解日本剧团的演出情况。新协剧团也邀请他去参加他们去大阪、神户、京都等地的旅行公演。就在此时，李相南对聂耳提出建议：“我们不如先到神奈川藤泽市鹄沼海边洗几天的海水浴，然后登富士山，再赶到大阪和新协的大队人马会合。”聂耳听后，便同意了。因为滨田实弘也不止一次地邀请他到藤泽的家里住些日子，洗洗海水浴，舒缓一下紧张的神经。

聂耳在走之前，妙子前来作别。她说因为母亲想念她，她要回老家去，估计是不大可能再来东京了。她满面忧郁地对聂耳说：“能为我再拉一支歌吗？”聂耳的心情也很复杂。想到和妙子相处了这么些日子，心地善良的她不但耐心地教自己学习日本语会话，还时时像一位大姐姐一样关照着他们几个中国留学生，此时就要长久离别，确乎有些令人感伤。

聂耳打开提琴盒，取出提琴，站在蛐蛐鸣唱的小院子里，稍稍思索了一会儿。然后，他望着围在四周的篱墙，调一调琴弦，为站在身边默默而视的妙子演奏了他不久前学会的日本歌曲《枸橘花》。

这首歌曲，又有何寓意呢?

《枸橘花》歌词，来自诗人北原日秋于1925年写下的一首抒情诗，后由山田耕笮谱曲而成。枸橘花是长在城郊荒野的一种开白花、带绿刺的一种野花，在日本，人们常把它移到院子边作为护篱之用。因为此花美丽而又带刺，在日本普通人的心目中，它忠贞不渝地守护着院子和主人，也守护着自己。歌曲《枸橘花》的基本情调是“怀念”，以及对逝去的童年的回忆。

聂耳悠扬的琴声，把妙子的思绪带回到了老家。她仿佛看到了那一道道起起伏伏的小山丘，在山丘上，长满了一棵棵小树，树上有小鸟在欢快地歌唱。家乡的小屋就在山丘之间，家家的院子前都有爬满枸橘花的篱笆，一到夏天洁白的小花就开了，先是星星点点，之后则是雪白的一片……

此刻，聂耳也想起了自己美丽的家乡：西山脚下，鲜花正开；碧玉清溪，鸟儿啁啾。鸟语花香中，聂耳正吹着喜爱的竹笛，沉醉于每个音符中。悠扬的小琴声啊，与云南的美景交织融会在一起；悠扬的琴声啊，让二人思乡的情绪交融在了一起……

随后，聂耳又为妙子演奏了一支在日本极有影响的歌曲《荒城之月》。这首歌曲以其真挚感人、优美动听的旋律，在日本广受欢迎，传唱不衰。每个踏上日本国土的异乡来客，都会不止一次听到《荒城之月》富有魅力的曲调。

伴随着优美的旋律，月光如流水般洒落在院落中，微风送来花的芬芳，一切都使人沉醉。“聂君，就凭着你这么动听的演奏，我还是要回到东京的。”妙子意味深长地说。聂耳亦充满期待地答复：“欢迎，我们也希望暑假结束后再见到你啊。”孰能料到，此刻分手，竟成永别呢！

始终秉承为国而歌的伟大信念的聂耳，为了舒缓始终处于紧张状态的神经，踏上了赴海滨的旅程。这，也是其人生最后的旅程。

魂归大海

聂耳和李相南在7月9日早晨，从东京神田区的住地乘车出发，一个多小时后，到达了滨田实弘在藤泽的家。

滨田知道聂耳他们要来，提前从东京回来等候。家里的人听说来了一位年轻而有学问的中国音乐家，都十分高兴。能接待这样的名人，实在是一件令他们自豪的事情，就连滨田的姐姐横田，也带着9岁的儿子厚一从东京赶回来，借此机会结识一下聂耳。这样一来，平时冷冷清清的滨田家顿时热闹起来，也引来了邻居们的一片羡慕。

吃过午饭，滨田就陪着聂耳和李相南去江之岛。美丽的江之岛，是藤泽市鹄沼海的著名旅游胜他，此地离东京50余公里，是人们消夏休闲的好去处。岛上长满了一棵棵大树，浓荫遍地，蝉声悠扬。海风轻轻地吹着，给人一种神清气爽的舒畅感。这时的游人不多，只有卖海螺、贝壳的小贩，闲散地倚靠大树休息。

岛上遍地苍翠和奇花异石，都深深吸引着聂耳。更神奇的是遍布岛上的溶洞，似乎随时都在召唤着游客走到其深处去探幽访秘。

远处，是一望无边的滔滔大海。站在这里，总会让人情不自禁地呼喊几声，抒发一下自己的情感。聂耳走到一块面向大海的石头，迎风而立。此情此景，让他回想起昆明的西山滇池和圆通山来。虽然家乡的滇池没有这里的大海壮阔，圆通山和西山的溶洞似乎也没有这里的溶洞深邃神奇，可那毕竟是让他魂牵梦萦的故乡。何况，离家愈久愈远，思乡之情就愈发浓郁！

善解人意的李相南看穿了聂耳的心事，问聂耳是不是想家了。“是啊，我想家了，在我的家乡，不但有山有水，还有美丽的彩云。”聂耳喃喃自语。

李相南趁机述说了自己家乡的美好，并邀约聂耳有时间到朝鲜游玩。聂耳在欣然同意的同时，也邀请李有机会到云南看云赏花。随着几个朋友在海滨观景、散步、谈心，不知不觉中已是夕阳西下。一轮壮观的红日，落在江之岛对面的丘陵上，把一切都染得通红。

回到滨田家，滨田的姐姐横田已经做好了日本风味浓郁的饭菜。聂耳吃到了美味佳肴生鱼片，不由赞不绝口。

晚餐后，许多邻居慕名而来，欲一览著名中国年轻音乐家的风采。聂耳不由为热情的人们所感染，拿出提琴，开始满足大家的要求。他先演奏了几首世界名曲，之后为热情的听众演奏了日本妇孺皆知的儿歌《红蜻蜓》和自己谱写的中国儿童歌曲《小野猫》。《红蜻蜓》深情款款、自然流畅，《小野猫》活泼清新、妙趣横生，都把儿童天真的情趣、直率的语气描摹得极为逼真。美好的儿童时代，超越了国界，成为音乐永恒的歌咏主题。

自此，只要聂耳每天练琴，就有听众围聚过来。在欣赏完美妙的音乐后，他们还鞠躬道谢，感谢聂耳为他们的生活带来了欢乐。聂耳的演奏，博得了听众由衷的赞叹。聂耳深深感受到了这里的居民对于音乐的热爱。他们爱听音乐，也很懂音乐。

在充分领略到日本民众的音乐欣赏水平的同时，如何以音乐进行中国的国民启蒙和教育，不由成为聂耳深深思考的问题。

当然，这里最忠实的听众要数滨田一家，9岁的厚一还缠着聂耳，要聂耳教他拉琴。聂耳承诺，等回到东京，一定上门去教他拉琴，令厚一和母亲横田喜不自胜。后来，聂耳又有了一位小“粉丝”，就是名叫松崎丰的小朋友。松崎丰只有15岁，个子却比聂耳高。他几乎每天都到滨田家听聂耳拉琴，成了聂耳的忘年交。

海滨的生活，令一贯努力学习的聂耳感到非常愉快。游泳、散步、拉琴，与许多人交朋友，都让他彻底放松了绷紧的神经。他颇有感触地写下了这种快意和舒适，以及从日本人民那里品尝到的宝贵情谊：“鸟叫声，邻居小孩子们的嬉笑声，钟摇声……多么寂静的乡村哟！我从来没有想到会和日本人弄得这样亲切，居然住人家，吃人家。”

后来，一连下了两天小雨。雨后初晴，聂耳走进一片森林，闻到了一股清新鲜醇的香味儿，便拨开小树丛寻找起来。

在充满腐叶和草木气息的泥土里，聂耳看到了一朵朵青色的蘑菇。此时，他高兴得像个孩子似的俯下身去，轻轻拨去遮盖着蘑菇的松毛和叶子，把蘑菇拿起来看了看，嗅了嗅——这不是家乡的青头菌嘛！

聂耳脑海中出现了许多栩栩如生的画面：每年到了这个季节，昆明城郊的彝家姑娘们，就把一箩箩的菌子背进城来，在地上铺上些绿绿的枝叶，之后把一堆堆的青头菌、红见手青、黄见手青、鸡油菌、干巴菌摆起叫卖。这时节，就是在城里，也可以感受到浓浓的山林气息。

菌子是聂耳一家人爱吃的东西。有时，母亲在傍晚时分，到街上买回一堆便宜的“收摊菌”。更多的时候，聂耳邀上几个小朋友，或到黑龙潭后山，或到大普吉的林子里去拾菌子，每次都能拾到满满一提篮。

眼前的蘑菇，还勾起了聂耳对母亲的回忆。此刻，母亲也许也在思念远方的儿子吧！

聂耳在林子里拾了许多蘑菇之后，才回到滨田家。滨田家的人见聂耳拾到这么多蘑菇，都兴奋异常。原来他们也很喜欢蘑菇，并且聂耳是今年岛上第一个拾到蘑菇的人。

他们哪里知道，聂耳此举，是浓厚的乡情使然！

聂耳见他们对此感兴趣，就讲起了故乡的菌子。这大多是日本没有的，引起了滨田一家的羡慕。“聂耳君，冲着这么多的蘑菇，我们也要去你家乡的！”滨田实弘说道。

聂耳和李相南本打算7月16日出发，到箱根去，可是碍不过滨田一家的盛情挽留，所以决定17日以后再走。

聂耳本来还有到李相南的家乡朝鲜游玩的打算，可是想到还要完成“第二计划”，即实现“音乐技术修养”的突破，就打消了这一念头。虽然人在旅途，以放松娱乐为主，但是时光易逝，一切都要抓紧啊！

7月16日，聂耳把这一天当作实现第二个计划的开始，写下了人生中的最后一篇日记：

> 今天第一“三个月计划”期满之日，将过去三个月工作作一检讨，大概得下面的结论：
>
> 1. 日语会话和看书能力的确是进步了。
>
> 2. 音乐方面，因听和看的机会多便忽略了自己的技术的修养。三个月来没有摸过一下钢琴，实在是莫大损失。
>
> 3. 提琴练习时间比离国前一向多。这倒是好现象，但始终是不够，没有先生又是主要原因。
>
> 4. 没有作曲（？）的缘故是“欺人欺自己”的自觉。“尔为什么到日本来？”
>
> 5. 中文程度的重新清算，有相当效果。
>
> 明天开始新计划，随时不忘的是“读书！”“拉琴！”
>
> 十六日日本又检举共党，他们过去和中国发生联系，现在是通过美国和国际党发生关系——今日《朝日新闻》有着很详细的记载。

可见，聂耳在生命的最后时刻，仍旧在严苛地督促自己。秉持为

聂耳的遗物——小提琴和六弦琴

国而歌的神圣使命，聂耳一直具有自省吾身的强烈的上进心。第四点尤为意味深长：一方面，可以理解为聂耳名为作曲，暗为隐藏身份；另一方面，从中可以看到聂耳永远不满足于自己现有的成绩。至于自问为什么要到日本来，也许可以这样理解：聂耳觉得即便没有公司或电影作曲的需求，自己也应该永不松懈地积极创作。

日记最后提到的日本国内检举共产党一事，表现出聂耳对于时局的密切关注。日共1926年重建后，在国内一直属于非法组织。日本特高警察将那些积极活动的党员视为危险分子，企图彻底摧毁党组织。著名的工人活动家盐田义道、作家小林多喜二，都被警察残酷地拷打致死。

聂耳写下日记的时候，中国共产党正处于漫漫长征中。估计聂耳在落笔之时，定会为受到反动政府残酷镇压的中国共产党的命运而担忧。

这篇日记，透露出聂耳对于未来充满无限的期待，以及对中国共产党的思念。谁能想到，却成为他壮志未酬的绝笔！

17日，聂耳用过早餐后，在院子里练了一阵提琴。因为马上就要离开，他随后就到附近的几户邻居那里道别。虽然时间不长，但是邻居对于聂耳都已经非常崇拜，难免有些留恋和不舍。

吃过午饭，聂耳与滨田一家和李相南像往常一样去游泳。在这段短暂的海滨生活中，聂耳的游泳水平有了提升。但是，正如对音乐精益求精的追求，他对提高游泳技术有更高的要求。比如，跳浪这项技术，他就觉得自己一直掌握得不够好。于是，他每天都要下水三次练习，以至把皮肤都晒得通红，冲冷水澡时痛得如针扎一般。但是他毫不在乎，一直刻苦不倦地学习。

聂耳游泳不幸遇难的日本鹄沼海滨

一行人一点多出发，到海滨的时候已是两点左右了。

见了大海，李相南迫不及待地扑了进去。而聂耳则等横田换好衣服后，与其一道下海。这天，风浪虽然很大，游泳的人却很多。加上一些小学生的参与，整个海滨充满了一片喧闹之声。

横田下水后，在水浅之处同儿子厚一同游，聂耳则到了齐胸深的地方，一如既往地练习跳浪。大约过了一个小时，横田和厚一上岸休息，正好李相南也在岸上，他说想先回去，找聂耳打声招呼，可是却没看见他。此时，大家不由得紧张起来，立即分头寻找。李相南下了海，横田和厚一则大喊着聂耳的名字，在岸上的人群中四处寻找。可是，直到四点，仍旧不见聂耳的踪影，只有他那顶宽大的遮阳帽和黄短裤摆在沙滩上。

他们连忙通知监视所，分头在海岸一带寻找。滨田得知消息时，已是六点了，他忙和李相南到过堂、茅个崎一带去寻找，仍是不见聂耳。天渐渐黑了，大海涨潮了，他们到江之岛一带去寻找，见到的只是风中摇摆的树影。

这一夜，听说聂耳不见了，滨田家附近的人几乎都走出家门，在朦胧的月色中，沿着海岸大声地一遍遍地呼唤着："聂君！""聂君！"到了后来，这徒劳的呼唤，变成了一片悲痛的哭喊声。这一夜，神社的鼓声也不停地响着，应和着大海不息的涛声。

第二天十一点左右，滨田接到警察的报告说，聂耳的遗体已被打捞起来。人们闻讯后都赶着去看，只见聂耳静静地躺在海滩上。滨田伏身下去轻轻地对着他的耳朵说："听！聂君，大海正在演奏着一支曲子呢。"在那簇簇翠绿的波涛之间，一只只勇敢的海燕穿梭着，鸣叫着，人们仿佛看见聂耳正在波涛中指挥着这些大海的精灵。

只有短短23年的生命，却谱写了辉煌人生篇章的聂耳，被无情的海浪吞没了！生命永远定格在了1935年7月17日。波涛汹涌，风云激荡，似乎在为聂耳致哀。可是，聂耳何曾离开？听，他正指挥着这些大海的精灵，把真善美的旋律洒遍人间，把为国而歌的乐调奏响神州。

7月18日，正在房州的张天虚听到消息后，悲痛万分，并立刻赶到藤泽海滨，与日本当局交涉，打开棺木验尸，认领聂耳的遗体。遗体由日本警方火化后，张天虚收集了聂耳的骨灰。在东京为聂耳举行的追悼会上，张天虚报告了聂耳革命的一生，并撰写《聂耳论》一文作为悼词。其后，他与蒲风一道主编了第一部《聂耳纪念集》。1936年，张天虚亲自把聂耳的骨灰护送回国。

1935年夏末，张鹤（右一）、郑子平（抱骨灰盒者）将聂耳的骨灰送回祖国，启程前在东京中华留日基督教青年会门前合影

8月4日，中国留日学生在日本千叶县北条举行了聂耳追悼大会。当时正在日本的郭沫若，得知聂耳辞世的消息后，发表了《悼聂耳的诗》：

雪莱昔溺死于南欧，
聂耳今溺死于东岛；
同一时民众的天才，
让我辈在天涯同吊！
大众都爱你的新声，
大众正赖你去唤醒，
问海神尔如何不淑！
为我辈夺去了斯人！
聂耳呀，我们的乐手，
你永在大众中高奏！
我们在战取着明天，
作为你音乐报酬！

聂耳不幸遇难他乡的消息传到国内，许多爱国人士和文化界人士，都为失去这样一位音乐天才而深感痛惜，纷纷撰文纪念。

田汉、吕骥、冼星海、光未然、孟波、许幸之、安娥、孙师毅、唐纳、赵丹等上百位文学家、音乐家、诗人、电影表演艺术家，在《晨报》《电通》《中华日报》《新音乐月刊》《大公报》等数十种报刊发表文章，缅怀这位在中华民族最危险关头，吹响警戒号角的时代先锋。悼念文章之多，世所罕见。

8月16日，上海各界人士在金城大戏院举行了隆重的追悼大会。

人们手持花圈，胸戴白花，潮水般地从四面八方向大戏院涌来。除了电影界、文化界的知名人士和聂耳的生前好友外，人数最多的还是工人，他们中有码头苦力、筑路工、打桩工和纺织女工，有些市民和报童也参加了大会。聂耳是真正的“人民艺术家”，人民永远不会忘记他！

大戏院由于人员爆满，主持人不得不写出“客满请回”的告示牌。尽管如此，人们依然肃立在大戏院前，哀悼聂耳。

在追悼大会上，朗诵了聂耳生前好友田汉先生从南京寄来的悼诗：

一系金陵五月更，
故交零落几吞声。
高歌共待惊天地，
小别何期隔死生。
乡国只今沦巨浸，
边疆次第怀长城。
英魂应作狂涛返，
好与吾民诉不平。

聂耳遇难时，田汉被幽禁在南京，无法得知聂耳的有关消息，这首诗是后来写的。诗末作者写有小序：“入狱中朋辈叛攻者颇多，出狱日忽闻聂耳兄又以学游泳于太平洋羁魂不返。其与吾国之音乐、戏剧、电影界之损失，一时殆无法补偿。上海友人有追悼之意，从而写此，不觉泪随笔下也。”

田汉先生这首情深意笃的诗，在悼念的人群中掀起了情感的波涛。随后，演员龚秋霞、陈娟娟和合唱团的团员演唱了聂耳的作品。很快，台上台下的歌声便汇聚到一起，此起彼伏，如波涛般汹涌。为国而歌的音乐精灵，仿佛重现人间！

聂耳的三哥1936年专程到上海把聂耳骨灰接回昆明。1937年10月1日，聂耳的骨灰被安葬在风景秀丽的西山上，参加仪式的有著名学者楚图南、徐嘉瑞等，并由徐嘉瑞撰写碑文。1954年2月，云南省文化局重修聂耳墓，墓碑改为“人民音乐家聂耳之墓”。

在聂耳的老家玉溪，当年他曾游泳的池塘，每到夏天就有朵朵芳香四溢的荷花盛开。1985年，聂耳的大型铜像在这里落成。铜像在蓝天白云的映衬下，屹立在古朴庄重的墨石基座上，呈现出聂耳激情昂扬地指挥人们唱歌的神态。每当人们从这里走过，似乎还可以听到那豪迈有力的歌声。

在中国领导人陪同外国元首检阅三军仪仗队的仪式上……

每当人们听到《义勇军进行曲》时，不禁热血沸腾，肃然而立。中华儿女将永远铭记：

我们万众一心，
冒着敌人的炮火，
前进！前进！前进！进！

聂耳为国而歌的精神永驻！

复兴路国歌嘹亮

《义勇军进行曲》是中华民族反对外来侵略的战歌，也是当代中国实现伟大复兴中国梦的战歌。这一首战歌传唱了近一个世纪，这是中国发生翻天覆地变化的一个世纪，是中国人民命运实现重大转折的一个世纪，也是世界人民为民族自由和解放而战斗的一个世纪。危难之际，中华民族反抗的怒吼响彻神州大地，走出国门，走向世界。进入21世纪以来，以习近平同志为核心的党中央以实现国富民强为梦想，围绕中国特色社会主义建设高屋建瓴，建构了宏伟的发展蓝图。这是《义勇军进行曲》带给我们的伟大力量，也是实现中华民族伟大复兴中国梦的动力之源。

鼓 舞 抗 战

列宁曾经说过，“用音乐去获得民众的心，获得他们的支持，这是革命赋予艺术的绝对使命”。①

1935年4月底，聂耳正是以强烈的为国而歌的责任感，在东京完成《义勇军进行曲》的谱曲工作，将稿件邮寄回上海。②同年5月，随着《风云儿女》在上海的首映，《义勇军进行曲》也随即为人们所熟知。

---

① ［日本］冈崎雄犯：《不愿做奴隶的人：聂耳传》，李玲译，新星出版社 2019 年版，第 221 页。

② 联抗编：《聂耳画传》，音乐出版社 1958 年版，第 33—37 页。

《义勇军进行曲》的创作是极其成功的，田汉认为与《义勇军进行曲》“比起来，作为电影的作品《风云儿女》的摄制却不免有些逊色了”。徐悲鸿评价道：“垂死之病夫偏有强烈之呼吸，消沉之民族里仍有田汉之呼声，其音猛烈雄壮，闻其节调乃知，此人之必不死，其民族之必不亡！”习近平总书记曾用四个字概括《义勇军进行曲》所折射出的抗战精神：“新的长城。”

自问世后，《义勇军进行曲》为抗日战争时期的后方群众和前线战士提供了源源不断的精神食粮，时刻激励着人们“勿忘国耻，居安思危”。在生命的最后时刻，聂耳谱写出了时代最强音《义勇军进行曲》，为中华民族吹响了救亡图存的战斗号角。

《风云儿女》上映后，人们被聂耳为国而歌的精神深深打动，主题歌《义勇军进行曲》迅速传播开来。许多上海市民多次到金城大戏院观看电影，在电影播放过程中大声跟唱者更是不可胜数。为了满足上海市民的强烈需求，上海电通影业公司于6月1日，将《义勇军进行曲》曲谱刊印在《电通画报》第二期上发售。因《义勇军进行曲》与时局密切相连，唱出了中国民众期望团结、反抗日本侵略的心声，为了学唱这首歌曲，各地相继成立了歌咏学习会，提出“凡是会唱歌的人，都应该把《义勇军进行曲》雄壮的歌声传播到他们周围的群众中间去，这是歌唱者在民族解放运动中应该负的责任”的口号。电影上映后不久，国民党主管的《中华日报》也对《义勇军进行曲》进行了报道，嘹亮的战斗号角响遍了上海、重庆、延安、北平、西安、武汉和昆明等地。

在“一二·九”运动中（1935年12月9日），游行的爱国师生们便是唱着《义勇军进行曲》冲破了警察的阻拦，来到北平新华门前请愿，向国民党当局发出了保护华北、坚决抗战的呼声。

“1935年12月9日，北平声势浩大的抗日救亡运动迅速席卷全国。”“……上海的工人、学生、店员面对警察的水龙、棍棒、威逼，举行大游行”，人们“……口中高唱的是‘起来！不愿做奴隶的人们’。聂耳的新作——不久前上映的《风云儿女》主题歌《义勇军进行曲》，业已成为抗日救亡的锐利武器”。“聂耳的歌曲——尤其是《义勇军进行曲》已经深入中华大地。”①

当时，刘良模是上海基督教青年会的一名工作人员，他领导的歌咏会有会员700多人。刘良模除了在学校教人唱《义勇军进行曲》外，还经常参加游行示威等活动。1936年6月7日，刘良模带领歌咏会会员与5000余名群众，在上海西市公共体育场举行“抗日救亡群众歌咏会”活动；国民党当局派出大量警察来到现场，意图阻挠此次聚会，眼见群众和军警即将爆发流血冲突，刘良模急中生智，他迅速站到高处，领导与会者齐唱《义勇军进行曲》，同时公开表示：“欢迎警察兄弟和我们一起唱，因为我们都是中国人！”

事后，《立报》这样报道：“全场的空气非常严肃，但同时又像一座将爆发的火山，我们已经看到了火山口上的火焰。”在这种气势的震慑下，警察未敢轻举妄动。1936年，上海爱国群众多次唱着《义勇军进行曲》游行示威，要求当局停止内战、积极抗日。

1936年10月19日上午5时25分，鲁迅逝世于上海大陆新村9号寓所。同月22日，上海各界人士为其送葬，参与送葬的人数达六七千之多，人们唱着《义勇军进行曲》从万国殡仪馆向万国公墓进发，声势浩大，吓得驻守上海同文书院的日本宪兵退回院内不敢出门。

同年11月，国民党当局将章乃器、李公朴、王造时、史良、沈钧儒、沙千里、邹韬奋七人逮捕，制造了“七君子事件”。国民党当局想以此遏制全国各地蓬勃发展的抗日运动，不想此举反而激起了社会各界更大的愤慨，后为缓解局势不得不将七人无罪释放。沈钧儒、李公朴七人和前来迎接的群众，齐唱着《义勇军进行曲》离开了拘留所。事后，沈钧儒回忆道：“我们高唱《义勇军进行曲》，以表示我们的抗敌精神始终不渝。”

1937年7月7日，日本发动卢沟桥事变，开始全面侵华。《义勇军

① 王莘2007年回忆于天津，谷应记录。

进行曲》更是激励了国内外无数志士仁人投身抗战。

在武汉北郊跑马场，田汉、郭沫若等人于1938年4月8日组织了声势浩大的抗日歌咏大会，国民党当局派出大量军警试图阻止大会的召开，在场的10余万爱国群众齐唱《义勇军进行曲》，在大雨中坚持将活动进行到底。

同年，云南昆明几万名各界爱国人士为声援抗战，也走上街头齐唱《义勇军进行曲》，开展了规模宏大的抗日救亡歌咏运动。

无论是在重庆还是延安，《义勇军进行曲》都十分受欢迎。1938年7月7日，中共中央将《义勇军进行曲》定为陕甘宁边区抗战周年纪念大会主题歌，在延安的会场上有近万人齐唱。

在抗日歌咏会上，冼星海经常将《义勇军进行曲》当作压轴曲目，指挥演唱队和广大听众演唱。1940年9月，周恩来曾在重庆做演讲，他详细分析了当时的抗战形势，休息期间群众自发地唱起了《义勇军进行曲》。①

1941年年底，美国因珍珠港事件向日本宣战。《义勇军进行曲》等抗战歌曲开始在美国广泛传播，中国的抗日战争得到越来越多的华侨、国际友人和反法西斯同盟的理解和支持。

《义勇军进行曲》在抗战时期对后方所起到的作用是不可忽视的，全国各地群众争相传唱以资鼓励。丰子恺曾这样记述道：连荒山中的三家村里，也有“起来！起来！”“前进！前进！”的声音出于村夫牧童之口。都市里自不必说，长沙的湖南婆婆，汉口的湖北车夫，都能唱“中华民族到了最危险的时候”。②

《义勇军进行曲》在鼓舞后方群众积极支援抗战的同时，更极大地激励着前线战士与日寇展开殊死搏杀。“在延安，在抗日敌后根据地，游击冲锋陷阵心里有这首歌；担架队出入阵地，支前队送粮送军火心里有这首歌；儿童团放哨站岗心里有这首歌……”③

① ［日本］冈崎雄犯：《不愿做奴隶的人：聂耳传》，李玲译，新星出版社2019年版，第225页。

② 李国才：《国歌的诞生》，上海人民出版社2015年版，前言第2页。

③ 王莘2007年回忆于天津，谷应记录。

八路军、新四军在《义勇军进行曲》的雄壮歌声中源源不断开赴抗日前线

以延安为中心，《义勇军进行曲》激励着各根据地的军民英勇杀敌，在敌人的后方点起了足以燎原的星星之火。

可以说，“《义勇军进行曲》诞生的历史，就是抵抗日本侵略的浪潮不断高涨的历史。这首歌的曲和词深深扎根于中国人民之中，从前线到大城市，从城市到最遥远的乡村，每个人都知道这首歌，都会唱”①。歌曲中蕴含的为国而歌的精神，鼓舞着每个不甘当亡国奴的中国人奋起战斗，嘹亮的歌声响遍了国共两党的抗战前线。

1936年11月，傅作义率部取得“绥远百灵庙大捷”。在“援绥运动”的影响下，远在上海的刘良模来到了傅作义部队，一边指挥军人服务部支援百灵庙前线军人，一边采用先军官后士兵的方法教授将士们学唱《义勇军进行曲》，很快便使近万名官兵学会了演唱这首战歌。就这样以点带面，《义勇军进行曲》逐渐在国民政府的队伍中传

① 李国才：《国歌的诞生》，上海人民出版社2015年版，第109页。

播开来。

1937年8月13日，日本发动淞沪会战。10月27日，为掩护大部队撤退，谢晋元带领第八十八师五二四团一营的八百名壮士固守上海四行仓库，这一仗打了四天四夜，共击退敌人六次猛攻，最终成功地完成了任务。

后来，第八十八师五二四团一营撤入租界并被关入“孤军营”。在此后将近四年的岁月里，战士们便是通过演唱《义勇军进行曲》等抗战歌曲来鼓舞斗志，并以此加强军事思想和爱国主义教育。

《义勇军进行曲》的曲作者是聂耳，由云南官兵唱响在战斗最激烈的华北战场。1938年4月，国民政府集中军事力量组织了一场规模浩大的防御战，史称台儿庄战役。4月21日，云南第六十军行军3000余里赶至台儿庄；在《人民之战》中，美国记者爱泼斯坦这样记述自己的当时见闻：“省级军队过去从来没有走这么远的路程来打民族敌人。他们边行军，边唱歌，唱的是《义勇军进行曲》。”

第六十军是云南人民专为抗击日寇组建的军队。在台儿庄战役中，10余天的激战让第六十军一八四师伤亡惨重，战士已经所剩无几；面对蜂拥而至的日军，滇军官兵们大喊道：“弟兄们！唱着我们云南人作的歌，杀呀！”战士们高唱着《义勇军进行曲》，用手中的大刀和汉阳造一次次打退了敌人的进攻，最终取得了台儿庄大捷，从正面打破了日军不可战胜的神话。后来在徐州地区，第六十军负责掩护主力部队撤退，为此付出了伤亡过半的代价。

在内拒强敌的同时，根据《中英共同防御滇缅路协定》国民政府还要支援英军在缅作战。1941年12月国民政府组建赴缅远征军，共10余万人。

为提升军队的士气，远征军将《义勇军进行曲》定为军歌，将其从国内传播到了东南亚。1942年春夏，远征军先锋部队二〇〇师入缅作战，其部被日军包围；在三个日军师团的围攻下绝无生还之可能，但二〇〇师广大官兵没有投降，他们唱着军歌《义勇军进行曲》、高喊着“中华民族到了最危险的时刻！前进！消灭侵略者！”的口号，和日军血战了七天七夜，师长戴安澜战死。

1943年10月起，滇西远征军多次对日作战，终于在中国驻印军的配合下，于1945年3月打通滇缅公路。

时任远征军上尉参谋的黄仁宇，对之所以选择《义勇军进行曲》为军歌这样解释道：《义勇军进行曲》在被“取用为国歌之前，早经国军先用为标准军歌之一；我们在成都草堂寺青羊宫做军官的年代也唱过不知多少次了。‘我们万众一心，冒着敌人的炮火，前进！前进！进！’其章节劲拔铿锵，至今听来还令人想念当日抗战时的气魄”①。

1945年8月15日，日本宣布无条件投降；同年9月2日，日本代表正式签署投降书，至此第二次世界大战结束。“在我们遍地炮声的国土里，而我们同时又是在遍地雄亮的抗战歌声里”②，中华民族的英雄儿女在《义勇军进行曲》的激励下，与日寇展开了英勇无畏的战斗，最终迎来了属于自己的胜利。

为了庆祝得之不易的胜利，美国音乐家伏尔希斯提出了一个建议：在反法西斯同盟国胜利日播放各国代表歌曲，中国的代表歌曲便是田汉作词、聂耳作曲的《义勇军进行曲》。

聂耳虽于1935年与世长辞，但他对中国音乐救亡运动的影响是深远的。“当时全中国音乐创作的高潮就是抗战歌曲，全民抗战，目标一致，血性男儿，血性报国，那个年代的音乐创作都是血性的！”③以《义勇军进行曲》为号角，1200余首抗战歌曲齐声为国而歌，组成了中国音乐救亡运动的洪流，发出了救亡图存的呐喊，用音乐唤醒了沉睡中的东方巨龙！

在抗战时期，著名的抗日救亡歌曲还有《救亡进行曲》《黄河大合唱》《大刀进行曲》《没有共产党就没有新中国》，解决了困扰人们已久的四个问题：国家存亡之际国共是否应该继续相战？抗日战

① 《最终的歌》，载《北京青年报》2012年2月13日。

② 赵杰：《国歌故事》，辽宁美术出版社1999年版，第119页。

③ 节选自2015年6月19日人民网对中国剧协副主席、中国音协委员阎肃的采访记录。

争的目的？中华民族的敌人？谁才能领导中国取得抗战胜利？对此，“枪口朝外”“保卫全中国”“打倒日本帝国主义”“只有中国共产党才能肩负起实现中华民族复兴的历史使命”系统地作出了回答，对全民族形成共识起到了促进作用。

走向世界

1935年，《义勇军进行曲》在炮火声中诞生。从一开始，这首中国最雄伟的战歌就成为唱响全世界为民族自由战斗的革命号角，成为融入世界民族解放潮流的合奏强音。不仅以激越的声音响彻祖国九州大地，而且以燎原之势将民族解放的斗争精神传遍世界各地，享誉海外。

而作为《义勇军进行曲》的创作者——中国年轻的音乐家聂耳，在当时也没有想过这首歌在不久之后会成为激励全世界被压迫民族的斗争神曲，成为推动世界民族解放斗争的战歌。在世界民族解放战争和反法西斯的斗争中，音乐将聂耳推向世界，也将中国推向世界民族的面前。怒吼、奴隶、长城、人们，重构了一段百年中国民族解放斗争抗争史。

1937年，这是一个新的传唱旅途的开始，也是《义勇军进行曲》走向海外的开端。从此，当熟悉的旋律一次次响起在异国他乡，无数的海外华人在听了这首歌曲之后热泪盈眶、热血沸腾。这是民族的骄傲，也是祖国的骄傲。

任光，这是一个发光的名字。是他，这个聂耳的战友，热血的中国人将聂耳的新作《义勇军进行曲》带到了南洋和法国，从此这首歌在海外生根发芽。

“我要为祖国而歌。”这是任光发自内心的呐喊，也是从聂耳的《义勇军进行曲》中吸取的力量。是的，为祖国而歌，哪怕有太多太多的坎坷，哪怕有太多太多的艰难险阻，都无法阻止这来自心灵深处的呼唤。任光爱着自己的祖国，纵容颜易老，沧海桑田，爱国的心从未变过。哪怕身在天涯海角，哪怕身处异国他乡，这一颗心仍为《义勇军进行曲》的旋律而跳动。

而这一次，任光仅凭自己的力量将这首歌带到了国外，开始了《义勇军进行曲》在海外的传唱旅程。在远离祖国的大西洋彼岸，响起了熟悉的旋律。

法国，是任光传唱的第一站。在法国这个浪漫国度的街头，第一次响起了《义勇军进行曲》的歌声。人们为之一震。瞧，中华民族又站起来啦！

不久之后，他在法国组织了“巴黎华侨歌唱团”。一个人的传唱的力量是有限的，任光要靠更多民众的自觉传唱，接过《义勇军进行曲》的大旗，唱遍法国，走向世界。

这是梦想的开始。可是如何在短时间内迅速扩大歌曲的影响力呢？光靠传唱是不行的，还得想想其他的办法。有人建议搞一场募捐义演。这样就可以扩大圈子，增加人脉，也能在法国社会上有一定的影响力。各个阶层的人都会参加，这不是很好的宣传机会吗？

任光在法国利用海外的朋友和国际友人的社会关系在当地举办了多场为祖国难民募捐的义演活动。在法国，这些法国人和中国留学生第一次听到了让人热血沸腾的中国歌曲《义勇军进行曲》，也第一次知道在世界的另一端，还有一个深受帝国主义和封建主义双重压迫的中国，此刻正在与法西斯主义做着怎样艰苦卓绝的斗争。法国人终于看到了中国人的铮铮铁骨和英雄豪情。

在每次义演中，任光都会在舞台上演唱这首歌。观众热泪盈眶，热血沸腾。特别是当民众的情绪在感染下自觉合唱这首歌的时候，这首歌的雄伟之势和浩然正气就像战鼓一样激励着千千万万世界各族同胞团结起来，将世界人民的精神凝聚在一起。

这是这首中国民族解放战歌走出国门走向世界的开始，拉开了它唱响海外的序幕。世界认识了此刻的中国，中国也积极拥抱世界。《义勇军进行曲》成为中国和世界反法西斯人民联系的情感纽带，也成为中国向世界宣传的一个音乐窗口。

《义勇军进行曲》的宣传、传播和推广者中还有一个关键性的人物，这是又一个闪闪发光的名字，这个名字也是民族骄傲的记忆。此人就是20世纪30年代初期大学毕业生、著名爱国人士、社会活动家刘良模。

中学时代刘良模就极热爱校园歌咏活动，并成为其中的组织者和积极分子。年轻气盛的他，有一颗热血沸腾的心。

从1934年开始，刘良模积极推广民众歌咏运动，试图以此向民众宣传革命真理。他将《义勇军进行曲》作为民众歌咏运动的重要曲目，在很多重要场合进行演唱。只要心中有爱，遍地都是欢歌。只要可以唱的地方，他都去。

1936年1月28日，刘良模在上海各界救国联合会淞沪抗战四周年纪念日活动上领唱《义勇军进行曲》，引起上海各界关注。此后，他在公开场合演唱此歌曲的活动遍及香港、广州、天津、广西、湖南、浙江等地。中国众多热血青年都是在这些公开爱国活动中学会并传唱《义勇军进行曲》，从此走向抗日战场。刘良模，感动了千千万万的中国人，他用自己的歌声赋予了国人勇气和力量。而一次特殊的际遇，刘良模将《义勇军进行曲》带到了美国。

1940年，刘良模因在国内积极推进左翼爱国抗战运动而进入国民党的黑名单并受到国民党当局的迫害，最后被迫流亡到美国。他到美国后，也通过积极传唱和对外宣传的方式将包括《义勇军进行曲》在内的抗战歌曲带到美国进行传播。他深知，在这个国度，他可以用音乐的力量展现中国人反法西斯的斗争热情，也表现了一个民族强大的信念和精神。

因为刘良模的原因，《义勇军进行曲》和黑人歌唱家保罗·罗伯逊结缘了。在美国，刘良模见到了著名的黑人歌唱家保罗·罗伯逊，并把《义勇军进行曲》唱给罗伯逊听。罗伯逊深受感染，一定要把这首歌唱出来给美国人听。这样，就可以为灾难深重的中国争取更多的力量和帮助。他要用实际行动来帮助这个英雄的国家。

1940年一个夜晚，美国纽约一场露天音乐会进入尾声时，黑人歌手保罗·罗伯逊向在场数千名听众宣布："今晚我要唱一首中国歌曲，献给战斗的中国人民，这首歌叫《起来》。"随后，音乐缓缓响起，罗伯逊用中文唱响："起来，不愿做奴隶的人们……"一个黑人，用他最深情的声音和纯正的汉语，第一次在美国演唱了中国的抗战歌曲《义勇军进行曲》。这是一个属于《义勇军进行曲》历史上的高光时刻。

静默之后是沸腾。越来越多的美国人、中国人都不约而同地站了起来。音乐超越了政治藩篱与族群隔阂，唤醒并守卫着人与人之间心

美国黑人歌唱家保罗·罗伯逊

有灵犀的爱。罗伯逊激动不已，很多人流下了泪水。激情澎湃，这一刻他们都在用歌声给中国祝福和祈祷。夜幕降临，他们用激动的声音一起唱起了这首震撼人心的歌曲。歌声在夜空中久久回荡。歌声、欢呼声、呐喊声聚在一起，形成了一个巨大的磁场，将人们的心靠得越来越近。这份凝聚的力量，早已超越了国界、民族。这是人类爱好和平的共同呼声。

这是聂耳为国而歌的执念，也是罗伯逊的坚定信念。为此罗伯逊身体力行，以自己的行动积极推动这些中国抗战歌曲在美国的传播和宣传。他将这首歌翻译成英文，在美国各地巡回演唱这首歌的中文版和英文版。无数的人为这首歌热泪盈眶。

两个版本的《义勇军进行曲》同时出现，这还是第一次。

两个版本出来以后，这首歌在美国的传唱度就更高了，越来越多的美国人和华人、华侨加入推广宣传的队伍。

虽然肤色和文化背景不同，但两国人民对于这首歌的接受和喜欢却是相同的。对于国家的主权完整和民主的实现，世界上爱好和平的国家都有着共同心声。共同的愿景让全世界唱响这同一首歌。

为了进一步推动抗战歌曲在美国的传播，刘良模积极组织华侨青年合唱团，并和罗伯逊一起录制了一套中国抗战歌曲唱片《起来！》。后来这套唱片开始在美国发行，并引起了美国社会的广泛关注。这是中国抗战歌曲在美国发行的第一套唱片，有着重要意义。宋庆龄亲自为这套唱片撰写了序言。

1944年，美国好莱坞的米高梅公司拍摄了一部反映中国抗日的影片《龙神》，以支持中国抗日战争。这部电影的主题曲就是《义勇军进行曲》，因为这是当时在美国社会传唱最广泛的中国抗战歌曲。影片上映之后更是得到了美国民众的认可和传唱，更得到了中小学生的热捧。由此可见这首歌在当时美国社会的广泛传播力，受众之多，传播范围之广。从此，《义勇军进行曲》在美国的大街小巷开始真正流行。

和在欧美不同，《义勇军进行曲》在亚洲许多国家则主要在抗日民众中进行。因为亚洲国家主要遭受的是日本帝国主义的压迫。1944年，马来西亚人民的抗日战争进入相持阶段，人民生活在水深火热之中。在雪兰莪，有一个抗日根据地。这里潜伏着一支青年抗日游击队。此抗日游击队的队员主要由华侨和马来西亚各民族组成，民众对他们的呼声极高。这支抗日游击队把《义勇军进行曲》翻译成马来文和印地文，并将此作为抗日游击队队歌在抗日队伍中进行广泛传唱。传唱时在个别地方做了改动，将歌词中的“中华民族”改为“马来西亚民族”。

《义勇军进行曲》以此形式在马来西亚得以传播，极大地调动了马来西亚的民族抗战热情。在一次激烈的战斗中，日本殖民者对抗日游击队进行围剿。在日军对战斗区进行疯狂扫荡的过程中，有一个名叫阿乜的战士受伤被捕。在赴刑场的路上，他悲愤不已，高喊战斗口号，并用马来语高唱《义勇军进行曲》。阿乜英勇就义后，这首歌被当地民众广为传唱。同一首歌曲，用不同的民族语言演绎，在强大的情感力量中寻得精神共鸣。不论何种语言，对民族和国家的爱都是永恒不变的。

1945年8月，中国的抗日斗争取得了最后胜利，日寇投降。为庆祝中国的反法西斯斗争取得胜利，美国国务院文化关系科定了一组各盟国代表歌曲在电台广播，而中国的代表歌曲就是《义勇军进行曲》。随后，苏联、英国和捷克等国的广播电台，每天5次对华广播节目均用《义勇军进行曲》作为前奏曲。不但如此，当时的许多反法西斯国家就曾经把《义勇军进行曲》作为中国的国家象征，著名的作曲家冼星海就曾说过当时国际上公认《义勇军进行曲》是中国最雄伟的歌曲，这也充分显示了《义勇军进行曲》在中华民族解放战争中的重要地位和对世界反法西斯战争的突出贡献。

在全世界传唱的《义勇军进行曲》，是聂耳献给世界的礼物。这是战斗之歌、信念之歌，也是和平之歌、解放之歌。

国歌之魂

1949年6月的中国，万象更新，举国沸腾。伟大的中华人民共和国即将成立的前夕。

6月15日，一次具有特殊意义的会议的召开，讨论了一些关于新中国来说非常重要的议程。伟大领袖毛主席在北平主持召开新政协会议筹备会，和政协委员会共同商讨新中国成立大计。筹备会议第六小组就负责拟定新中国的国旗、国徽和国歌方案。马叙伦任组长，正紧锣密鼓地和组员们开展他们的拟定工作。这也意味着新中国的国歌即将诞生。

6月14日，又是一个特殊的日子，这一天成立了以郭沫若、田汉、茅盾、钱三强、欧阳予倩5人组成的国歌词谱初选委员会。国歌初选工作开始展开。以后的8天里，《人民日报》等各大报刊上刊登了《征求国旗国徽图案及国歌词谱启事》，全国人民踊跃投稿。

9月21日，国歌方案审查委员会成立。

9月25日，毛泽东、周恩来主持召开国旗、国徽、国旗方案专题协商座谈会。与会的20多个参会代表展开了激烈的讨论。在国歌创作上，虽然应征的作品很多，但没有一个是众望所归的。这该如何是好？正在大家愁眉不展的时候，画家徐悲鸿提议用《义勇军进行曲》。他说他曾在法国学习，法国国歌《马赛曲》就是一首能激励人民的歌曲，而《义勇军进行曲》在风格上与《马赛曲》极为相似，都是在民族危亡时刻激励民众挺身而出的抗战歌曲，能鼓舞民众，有着震撼人心的艺术效果。

此话一出，立即引起大家的共鸣。周恩来首先表示支持。他说：“徐悲鸿先生的这个建议很好。《义勇军进行曲》雄壮豪迈，节奏激越，适合演奏和传唱，做国歌是合适的。”

建筑学家梁思成也表示赞成。他说自己在美国时就在街头听见很多美国青年都会唱这首歌。有一次，他在街上听见有人用口哨吹这支歌，回头一看，原来是一个骑着自行车的美国青年。可见这首歌不仅在国内有很大的影响力，在国际上的影响力也很大，受到很多人的喜欢。

刚从国外回来的刘良模对《义勇军进行曲》有着很深的感情，并身体力行，在海外极力推动这首歌的传唱。他说用这首歌作为国歌，也是对中国新音乐运动创始人聂耳的纪念。

慢慢地，大家的意见逐渐趋于统一，都同意用《义勇军进行曲》作为国歌。而早在半年前，郭沫若就遇到过国歌的问题。1949年夏，郭沫若率团代表中国到布拉格参加保卫世界和平大会。大会规定代表团入场时须唱本国国歌。可是当时中华人民共和国尚未成立，也就没有国歌。怎么办？郭沫若召集大家商量。当时就有人提议用《义勇军进行曲》代替国歌。代表团最终同意并在会议上演奏。

9月27日，全国政协第一届全体会议通过了关于国歌的决议：中华人民共和国国歌未正式制定前，以《义勇军进行曲》为代国歌。

10月1日下午3时，在开国典礼上，伴随着五星红旗冉冉升起，《义勇军进行曲》作为国歌第一次在天安门广场响起。

作为国歌，《义勇军进行曲》又几经转折。直到1982年12月4日，全国人大五届五次会议通过决议，将《义勇军进行曲》由原来的代国歌正式定为国歌。2004年，《义勇军进行曲》作为国歌又被赋予了宪法地位。2017年9月1日，《中华人民共和国国歌法》获十二届全国人大常委会第二十九次会议表决通过，于2017年10月1日起施行。魂兮归来，聂耳为国而歌的精神永驻！

国歌，见证了中国的崛起，也见证了世界的和平与发展。从此在实现中华民族伟大复兴的道路上，在雄壮激越的国歌声中，我们大踏步勇敢向前！

参考书目

[1] 聂叙伦编著. 少年时代的聂耳[M]. 天津：新蕾出版社，1981.

[2] 崎松，伊人. 聂耳与国歌[M]. 昆明：云南民族出版社，1990.

[3] 刘琼. 聂耳：匆匆却又永恒[M]. 郑州：大象出版社，2002.

[4] 崎松. 国魂聂耳[M]. 呼和浩特：远方出版社，2003.

[5] 王志雄，郭凌主编. 聂耳：玉溪人民的骄傲[M]. 北京：中国民族摄影艺术出版社，2006.

[6] 王志雄，郭凌主编. 亲人心中的聂耳[M]. 北京：中国民族摄影艺术出版社，2008.

[7] 崎松主编. 国魂颂：纪念聂耳散文集[M]. 昆明：云南民族出版社，2008.

[8] 王志雄，郭凌主编. 永恒记忆：玉溪日报上的聂耳[M]. 昆明：云南人民出版社，2008.

[9] 玉溪市图书馆编. 人民日报上的聂耳[M]. 昆明：云南人民出版社，2008.

[10] 杨冬权主编. 中华人民共和国国旗国徽国歌档案（上、下卷）[M]. 北京：中国档案出版社，2009.

[11] 《聂耳全集》编辑委员会编. 聂耳全集[M]. 北京：文化艺术出版社，2011.

[12] 昆明市文史研究馆编. 聂耳——从昆明走向世界[M]. 北京：人民出版社，2019.

[13] [日本]冈崎雄儿. 不愿做奴隶的人：聂耳传[M]. 李玲译，北京：新星出版社，2019.

后　记

2014年10月，习近平总书记在文艺工作座谈会上讲话时点赞了112位中外文艺名家，聂耳便是其中一位。2020年1月，习近平总书记第二次考察云南时指出：云南有光荣的革命传统，有很多感人肺腑的动人故事。比如聂耳和国歌的故事……

为庆祝中国共产党成立100周年，讲好聂耳和国歌故事，按照中共云南省委宣传部的安排部署，中共玉溪市委宣传部、玉溪师范学院文学院承担《聂耳为国而歌》一书的编写任务。

中共玉溪市委宣传部和玉溪师范学院领导高度重视，市委宣传部原部长杨兴荣、副部长邓志刚与玉溪师范学院党委书记张学武、玉溪师范学院校长马力等多次召集相关会议，研究本书的写作。玉溪市委宣传部宣传教育科科长梁蕊担任了本书的联络员，全程跟进服务。

本书由玉溪师范学院文学院院长时遂营承担大纲拟写和统稿工作，并负责“求学路冲出云围”的编写。其余部分，“艰难中琢玉初成”由唐灿辉编写，“忆家乡五回玉溪”由赵映蕊编写，“因志趣脱离‘明月’”“风云起国歌诞生”由赵欣编写，“漂泊途奏响清华”由王颢、张谦谦编写，“返上海涉足电影”由宋艳珊编写，“赴日本魂归大海”由石健编写，“复兴路国歌嘹亮”由王长印、刘琼编写。玉溪师范学院聂耳与国歌研究院为本书提供了珍贵的图片。

本书在编写过程中，参阅了许多公开出版或发表的文献资料和研究成果。由于时间仓促，加之编写者水平有限，本书在史料运用、语言表述等方面难免会有疏漏和不足之处，敬请读者朋友批评指正！

本书编写组

2021年3月